# Job?

나는 **플라잉카** 전문가가 될 거야!

# Job?

## 나는 플라잉카 전문가가 될 거야!

박연아 글 | 김대지 그림 | 오종석 감수

Special
20

국일아이

# 차례

직업 탐험
워크북

나는 **플라잉카** 전문가가 될 거야!

# 등장인물

## 곽준아

쾌활한 성격에 친구들을 잘 이끌어가는 리더십이 있는 초등학교 6학년 남자아이다. 조립하고, 만드는 것을 좋아하며, 문제 해결 능력이 뛰어나다. 삼촌 덕분에 플라잉카에 대해 잘 알고 있으며 플라잉카 개발자가 되는 것이 꿈이다.

## 권솔이

준아와 같은 반 친구로 호기심이 많은 여자아이다. 그림 그리는 것이 취미이고 궁금한 것은 답을 찾아야 직성이 풀리는 성격이다. 준아, 영빈이와 달리 뚜렷한 꿈이 없었지만, 준아 삼촌 회사에 갔다가 디자이너로서의 자질이 있다는 칭찬을 받은 후 플라잉카 디자이너를 꿈꾸게 된다.

# 임영빈

준아와 단짝 친구로 차에 대한 것이라면 뭐든지 알고 싶어 하는 호기심 많은 남자아이이다. 일부러 솔이를 놀리고 약올리기도 하는 등 장난기가 많고, 활발한 성격이다. 준아 삼촌 회사에 견학 갔다가 우주선, 항공 관련 특수 신소재에 대한 관심을 갖게 된다.

# 곽동훈

국일자동차라는 자동차 회사의 플라잉카 개발자로 준아의 삼촌이다. 코로나로 답답해 하는 아이들에게 플라잉카를 소개하고 설명해 주며 궁금증을 풀어주는 자상하고 따뜻한 성격이다. 반면 일을 처리할 때는 철저하고 빈틈이 없다.

# 김정우

국일자동차의 플라잉카 조종사로 30대 초반의 청년이다. 씩씩하고 단단한 스포츠맨 이미지를 갖고 있지만 아이들에게 플라잉카의 역사와 조종에 대해 친절하게 설명해 주고 꿈을 갖게 해주는 따뜻한 성격이다.

# 꿈을 찾아가는
# 꿈나무를 위한 길잡이

허영만 화백이 그린 만화 《식객》이 한국 음식 문화의 품격과 철학의 깊이를 더한 '음식 문화서'라고 한다면, 《job?》 시리즈는 '바라고 꿈꾸는 것을 이루기 위해 줄기차게 노력하면 반드시 꿈은 이루어진다'는 교육 철학을 담은 직업 관련 학습 만화입니다. 어린이와 청소년들이 만화를 통해 각 분야의 직업을 이해하고, 스스로 장래 희망을 설정하는 데 도움을 주는 진로 교육서이기도 합니다.

꿈과 희망은 사람을 움직이는 가장 강력한 에너지입니다. 꿈과 희망이 있는 사람은 밝고 활기찹니다. 그리고 호기심과 열정이 가득해서 지루할 틈이 없이 부지런합니다. 특히 어린이와 청소년들에게 꿈과 희망은 삶을 긍정적으로 바라보게 하는 가장 강력한 버팀목 역할을 합니다.

어른이 되어 이루는 성공과 성취는 어린 시절부터 바랐던 꿈과 희망이 이뤄 낸 결과입니다. 링컨과 케네디, 빌 게이츠와 오바마, 이들은 어린 시절에 꾸었던 꿈과 희망을 실현하기 위해 노력한 사람들입니다. 삼성을 일류 기업으로 이끈 고(故) 이병철 회장이나 우리나라 경제 발전에 초석을 다진 현대그룹의 고(故) 정주영 회장도 어린 시절의 꿈을 실현한 대표적인 사람입니다. 꿈과 희망 안에는 미래를 변하게 하는 놀라운 능력이 숨어 있습니다. 꿈과 희망을 품고 노력하면 바라던 것이 이루어집니다.

어린이와 청소년들이 스스로 미래를 준비할 수 있도록 도움을 주고자 기획한 《job?》 시리즈는 우리 사회 각 분야의 직업을 다루고 있습니다. 어떤 분야의 직업을 갖고 사는 것이 좋으며 가치 있을지를 만화 형식을 빌려서 설명하여 이해뿐 아니라 재미까지 더하였습니다.

그동안 직업을 소개하는 책은 많았지만, 어린이 눈높이에 맞춘 직업 관련 안내서는 드물었습니다. 이 책의 차별성은 바로 여기에 있습니다. 단순히 각각의 직업이 무슨 일을 하는지를 소개하는 데 그치지 않고 사회적 측면에서 바라본 직업의 존재 이유와 작용 원리를 적절한 용어를 사용하여 어린 독자들의 이해를 돕습니다. 자칫 딱딱할 수 있는 직업 이야기를 맛깔스러운 대화와 재미있는 전개로 설명하여 효과적인 진로 안내서 역할도 합니다.

이 책이 어린이와 청소년들에게 세상의 여러 직업을 깊이 이해하고 자신의 미래를 여는 데 도움을 줄 것이라 기대합니다. 아울러 장차 세계를 이끌 주인공이 될 어린이와 청소년들이 직업과 관련해서 멋진 꿈과 희망을 얻길 바랍니다.

**문용린**(서울대학교 교육학과 명예교수)

# 하늘을 나는 자동차를 타고

영화나 상상 속에서나 있을 거라 생각한 하늘을 나는 자동차인 플라잉카가 현실이 되었어요. 사람이 운전하지 않아도 스스로 운전을 하는 자율주행 자동차를 넘어 하늘을 나는 플라잉카 시대가 된 것이에요. 플라잉카에는 하늘과 땅 양쪽에서 운용할 수 있는 차량, 드론처럼 프로펠러를 이용해 뜨는 이동체 등이 있어요.

플라잉카는 세계의 자동차, 항공업계 등을 중심으로 개발 경쟁이 치열하게 이루어지고 있어요. 지난 2020년 11월, 서울의 여의도 한강시민공원 물빛무대에서 국토교통부와 서울시는 '도심, 하늘을 열다' 행사를 개최했어요. 그 행사에서 드론 택시는 80kg의 쌀 한 가마를 싣고 4.5km의 거리를 6분 동안 비행했지요.

그리고 2020년 10월에는 슬로바키아의 한 업체가 공항 활주로에서 플라잉카 시제품 시험비행에 성공하기도 했고, 미국에서도 2021년 소비자 가전박람회 'CES 2021'에서 제조업체 G사가 수직 이착륙 비행체인 'VTOL'의 콘셉트를 공개하면서 첫 번째 항공 모빌리티로 개인 항공 여행 시대를 준비하고 있다고 밝혔어요. 또한 일본, 중국, 유럽 등 자동차 업계에서 선두를 달리고 있는 국가들이 플라잉카 시장을 선점하기 위해 박차를 가하고 있어요.

정부에서 "2025년까지 플라잉카의 실용화가 가능하도록 하겠다"고 밝혔듯이 곧 플라잉카로 이동하는 시대가 올 것이에요. 플라잉카가 상용화된다면 건물의 옥상이나 주차장 등에서 가동할 수 있으리라 기대하고 있어요.

《job? 나는 플라잉카 전문가가 될 거야!》는 상상 속의 하늘을 나는 자동차를 현실화시킨 플라잉카 전문가들을 재미있고 쉽게 소개하고 있어요. 누가 설계를 하고, 어떻게 만들어지는지 등 플라잉카를 설계하는 사람부터 플라잉카와 관련된 여러 직업들이 다양하게 등장한답니다. 플라잉카 분야에는 여러분이 상상했던 것보다 훨씬 다양한 직업군이 있어요. 그 직업과 관련하여 어떤 공부를 해야 하고, 준비해야 하는지도 다루었어요.

이 책을 통해 하늘을 나는 자동차를 만드는 꿈을 꾸며 여러분의 꿈도 하늘 높이 띄우기를 바랍니다.

글쓴이 **박연아**

# 하늘을 날고 싶어?

아~ 재미없어!

이제 그림 그리는 것도
재미없다.
뭐 재밌는 거 없을까?

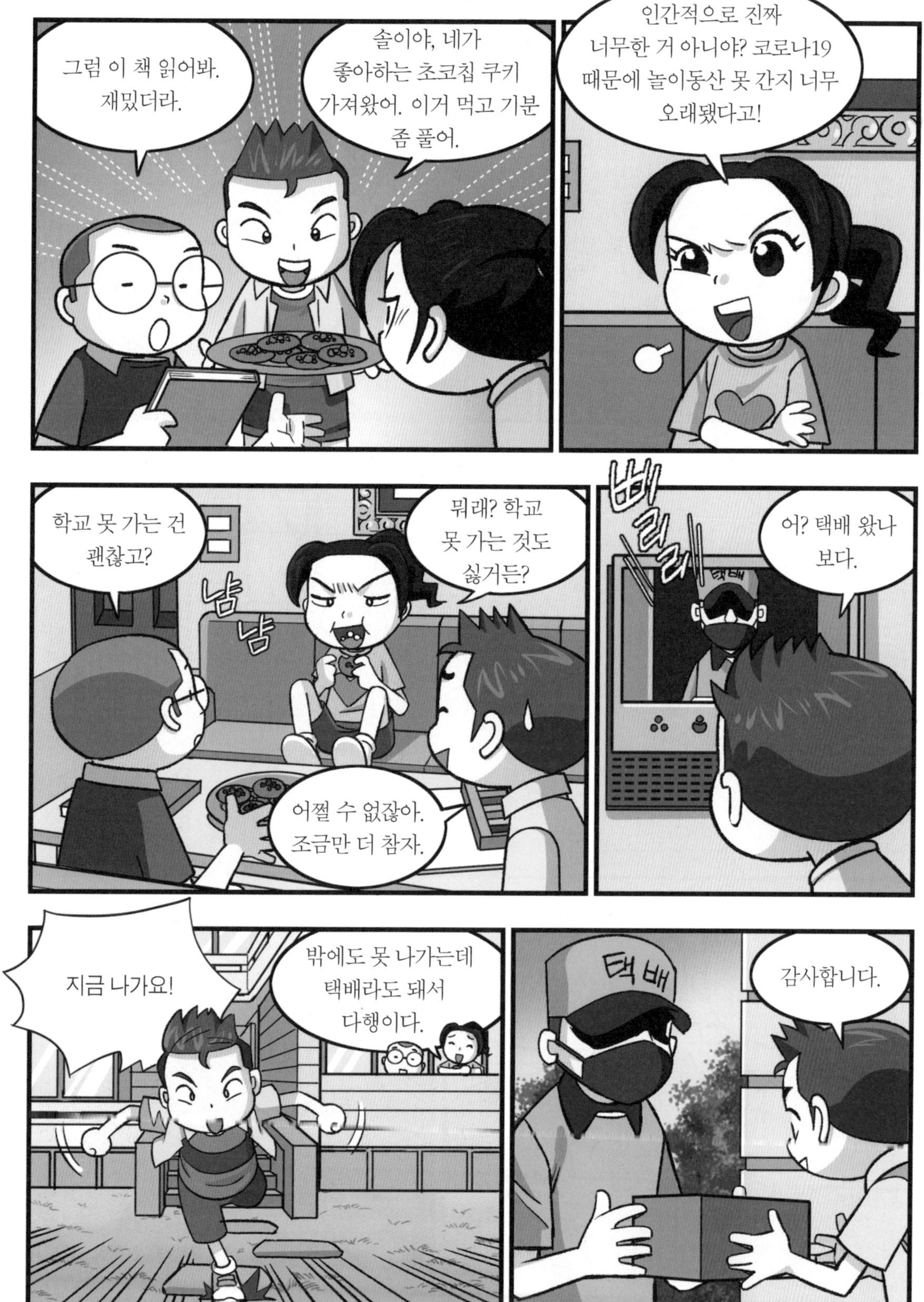
그럼 이 책 읽어봐. 재밌더라.
솔이야, 네가 좋아하는 초코칩 쿠키 가져왔어. 이거 먹고 기분 좀 풀어.
인간적으로 진짜 너무한 거 아니야? 코로나19 때문에 놀이동산 못 간지 너무 오래됐다고!
학교 못 가는 건 괜찮고?
냠 냠
뭐래? 학교 못 가는 것도 싫거든?
어쩔 수 없잖아. 조금만 더 참자.
삐릴리
택배
어? 택배 왔나 보다.
지금 나가요!
밖에도 못 나가는데 택배라도 돼서 다행이다.
택배
감사합니다.

삼촌한테 온 택배인가 봐. 잠깐 삼촌 방에 좀 두고 올게.

너희 삼촌 방 구경해도 돼?

준아네 삼촌이 자동차 회사에 다니신다고 했지?

응, 맞아.

와아! 멋있다!

자동차 관련된 사진이랑 모형이 정말 많구나.

응, 삼촌이 아주 어렸을 때부터 모았던 물건들이야.

이건 영화 포스터인가? 되게 옛날 영화 같은데 자동차가 하늘을 나네?

흠… 이 설계도도 일반적인 자동차가 아닌 것 같은데?

FIG. 1
FIG. 2
FIG. 3

아, 그건 우리 삼촌 회사에서 만드는 자동차인데…

여보세요? 삼촌, 어쩐 일이야?

한강공원으로 나오라고?

삼촌이 정말 우리한테 드론을 보여주신다고 했단 말이야?

응, 지금 같이 한강공원으로 나오래.

와! 신난다!

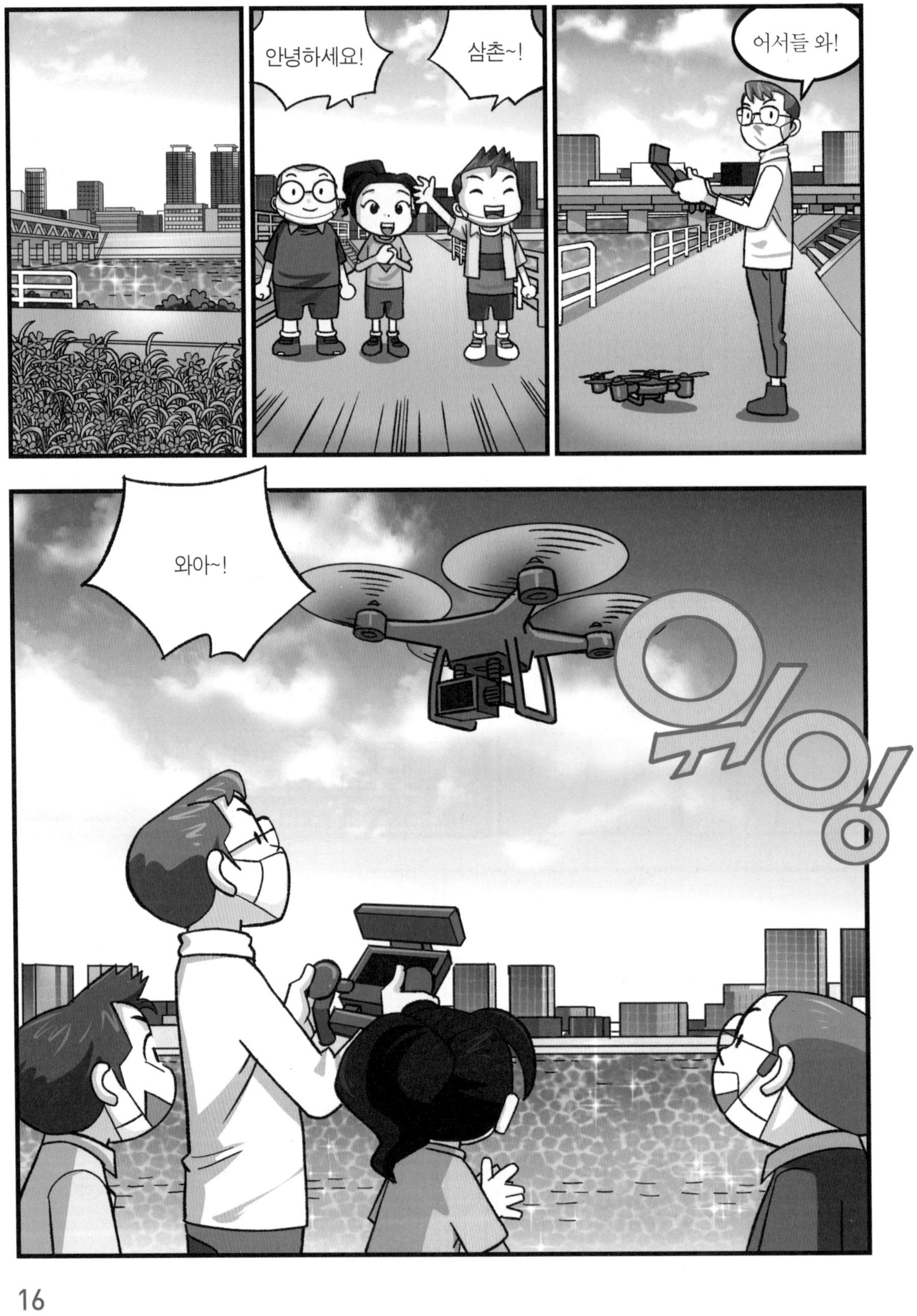

안녕하세요!
삼촌~!
어서들 와!
와아~!
위잉!

## 드론이란?

원래 드론(Drone)은 꿀벌, 개미 등 벌목과 곤충의 수컷을 칭하는 영어 단어예요. 1935년 영국에서 사람이 타는 훈련용 모형기를 원격조종 무인 비행기로 개조하면서 퀸비(Queen Bee, 여왕벌)라는 별명을 붙였어요. 여기에서 유래해 조종사가 탑승하지 않은 무인·원격조종 비행 장치를 드론이라고 불러요. 드론은 활용 목적에 따라 대형 비행체의 군사용, 초소형 드론, 취미활동 용 등이 있으며 주로 오지나 사고 지역 등 사람이 가기 어려운 지역에 투입하는 용도로 사용돼요.

저랑 준아, 솔이 팀은 다른 팀보다 좀더 정교하게 프로그래밍해서 드론 축구도 할 수 있게 만들었었어요.

오, 그래?

물론 준아랑 제가 거의 다 만들었고 솔이는 그냥 구경만 한 거지만요.

뭐, 뭐야?! 기초 코딩은 나도 같이 했잖아!

맞아. 그리고 드론 두 대로 축구를 하자고 그림을 그려서 보여준 것도 솔이었어.

그거 봐! 나도 구경만 한 거 아니라구!

솔이 너 드론 축구는 유튜브에서 본 거잖아.

영빈이 너 정말!

하하.

그만들 해~!

흥.

## 드론 축구

드론으로 만든 공을 상대방의 골대에 골인 시키는 신개념 미래 스포츠예요.
우리나라에서 처음 개발되어 현재는 한국과 중국에 드론 축구협회가 설립되어 국가 간 경기도 열리고 있어요.

너희들 그동안 코로나19 때문에 외출도 마음대로 못해서 답답했지?

네~!

그래서 오랜만에 바람 좀 쐬어주려고 나오라고 했어.

감사합니다.

삼촌. 오랜만에 뻥 뚫린 데 나오니까 기분이 상쾌해졌어.

맞아요~!

맛있게 잘 먹겠습니다!

그나저나 너희들 요즘 등교는 잘 하고 있니?

하아…

아니, 가끔 밖에 못 해.

일주일 전에 등교한 게 마지막이에요. 요즘은 또 집에서 온라인 수업 중이에요.

정말 많이 답답하겠구나.

전 괜찮아요. 예습, 복습을 생활화하고 있어서 온라인으로도 수업을 완벽하게 따라가고 있거든요.

아우~ 얄미워. 임영빈 너 잘났다, 정말~!

쩝 쩝

하하~ 준아는 서점이랑 도서관 가는 게 취미인데 요즘 잘 못 가서 어떡해?

괜찮아. 내가 인터넷 서점에서 책을 고르면 엄마가 택배로 주문해 줘서.

맞아요. 저도 그림 그리는 게 취미인데 요즘은 재료를 택배로 주문하고 있어요.

오, 그렇구나.

아까 삼촌한테 온 택배도 내가 받아놨어.

기특한 녀석, 고맙다~!

그런데 택배기사님들도 고생이 많으신 것 같아.

맞아, 주문량도 늘어난 데다가 사람들이랑 마주치지 않으려고 하다보니 예전보다 더 번거로워지셨대.

아! 너희들, 드론으로 택배가 가능해졌다는 건 알고 있니?

네?

미국 A사 맞지? 얼마 전에 거기서 드론 운항 허가를 받았다는 기사 봤어.

맞아. 이름이 '프라임 에어'라고 하는데 2013년부터 이 드론 택배 계획이 시작됐어. 이번에 미국 연방항공청(FAA)으로부터 승인을 받아서 곧 시험비행을 할 거래.

우와~!

그런데 안전성은 검증이 된 건가요? 택배가 떨어져서 사람이 다칠 수도 있잖아요.

맞아요. 무거운 것도 배달할 수 있어요?

이제 시작이니까, 인구 밀도가 낮은 곳에서만 운항하고 무게도 2.26kg 이하만 배달 가능해.

배달 시간은 얼마나 걸려?

A사 목표로는 주문 후 30분 내로 배송하는 거야.

헉! 그렇게 빨리요?!

대단하지?

삼촌은 자동차 회사 다니신다더니 드론에 대해서 잘 아시네요? 드론 박사님 같아요.

하하.

내가 하는 일도 드론과 기본 원리는 같거든.

## 플라잉카란?

도로주행과 공중 비행이 모두 가능한 자동차를 말해요. 자동차와
비행기의 기능이 결합된 차세대 운송 수단이에요. 플라잉카는 하
늘을 나는 개인형 이동 수단(PAV·Personal Air Vehicle)으로 4~5명
을 태우고 수직으로 이착륙할 수 있어요. 헬리콥터와 달리 플라잉
카는 소음이 적도록 연구 개발 중에 있고, 움직임도 날렵해 육상
교통에 부담을 주지 않고 도심 내에서 이동할 수 있어요.

되게 오래된 영화라서 디자인도 옛날 것 같긴 해도 엄청 멋있어 보였어요.

그랬어?

그 영화에 나오는 플라잉카는 타임머신 기능까지 있어서 당시에 인기가 정말 많았단다.

우와! 타임머신 기능까지요?

다만 번개를 맞아야 움직일 수 있는 설정이었지.

에이, 말도 안 돼. 아무리 영화지만, 무거운 자동차가 어떻게 번개로 움직여요.

하하, 그러게 말이야. 진짜 플라잉카도 번개로 동력을 해결할 수만 있다면 정말 좋을텐데.

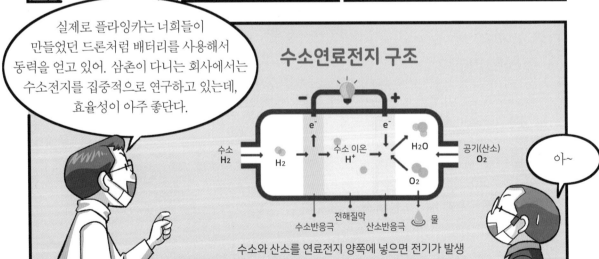

실제로 플라잉카는 너희들이 만들었던 드론처럼 배터리를 사용해서 동력을 얻고 있어. 삼촌이 다니는 회사에서는 수소전지를 집중적으로 연구하고 있는데, 효율성이 아주 좋단다.

아~

**수소연료전지 구조**

수소 $H_2$ · 수소 이온 $H^+$ · $H_2O$ · 공기(산소) $O_2$ · $O_2$

수소반응극 · 전해질막 · 산소반응극 · 물

수소와 산소를 연료전지 양쪽에 넣으면 전기가 발생

현재 개발되고 있는 플라잉카 모델은 크게 드론형과 경비행기형 두 가지로 분류할 수 있어.

드론형

경비행기형

승객 수송용 드론
(드론/항공기)

전통적 플라잉카
(자동차+항공기)

그럼 학교에서 띄웠던 드론이 커지면 플라잉카가 되는 거예요?

완전히 똑같은 건 아니지만, 기본 개념은 비슷해. 배터리로 움직이고 수직 이착륙이 가능하다는 거지.

수직 이착륙이 가능한 게 플라잉카의 큰 장점 중 하나라고 그랬지?

맞아. 밀집된 도심에서는 꼭 필요한 기능이니까.

도시랑 수직 이착륙이 무슨 상관이에요?

솔이 넌 단번에 이해 못 할 줄 알았어. 둘의 상관관계는 말이지…

스톱! 영빈이 너한테 듣느니 그냥 모르는 게 나을 것 같아.

둘 다 그만 투닥거려. 솔이야, 이유는 내가 알려 줄게.

응, 준아야. 네가 얘기해 주면 잘 들을게.

흥~

도시는 인구나 건물이 빽빽하게 밀집되어 있잖아. 그런데 현재의 비행기는 하늘로 이륙하기 위해서 긴 활주로가 필요해. 따로 활주로를 달리지 않고 좁은 공간에서 바로 수직 이륙할 수 있는 게 플라잉카의 장점이 되는 거지.

아하~! 그게 그 뜻이구나.

봤지? 준아는 잘난 척 안 하고 잘 설명해 주잖아.

솔이 네 이해력이 떨어지는 걸 탓해. 난 항상 필요한 말만 하는 성격이니까.

뭐? 얄미워!

26

현재까지 우리나라를 비롯한 세계 각국에서 플라잉카 연구가 진행 중인 건 다들 알고 있지?

네.

사실 모든 나라가 플라잉카를 만들고 싶어 하지만, 현실적으로는 선진국이라 불리는 나라만 시도할 수 있는 분야이기도 해.

최첨단 장비들이 들어가니까 연구비도 엄청 많이 필요할 것 같아요.

맞아.

연구비뿐 아니라 기존에 가진 기술이 뛰어난 나라들만 시도할 수 있는 분야이기도 하지.

자동차랑 비행기를 만들 수 있고, 정보기술(IT)까지 다 가지고 있어야 플라잉카를 만들 수 있을 것 같아.

그렇지. 플라잉카는 현재까지 가지고 있는 모든 기술을 모아서 미래의 기술로 만드는 분야니까.

그래서 복합적인 기술들을 함께 배워서 융합할 사람들이 필요한데

이런 직업을 가진 사람들을 미래자동차 공학자라고 불러.

미래자동차 공학자?

미래자동차 공학자는 플라잉카는 물론, 스마트카(Smart car)나 그린카(Green car)같은 미래형 자동차 기술을 연구하는 사람이야.

플라잉카(Flying car)

스마트카(Smart car)

그린카(Green car)

스마트카는 운전 중에 도시 전체를 자동차와 연결해서 각종 정보를 실시간으로 공유하고 다양한 스마트 콘텐츠들을 활용할 수 있는 미래형 자동차이고

그린카는 미래의 환경을 생각해서 무공해, 저공해 연료를 사용하고 에너지 효율까지 높일 수 있는 친환경 자동차를 말해.

이런 미래형 차를 만들기 위해서 기계공학, 화학공학, 컴퓨터공학, IT/소프트웨어 등 다양한 분야의 기술들을 복합적으로 응용할 수 있는 미래자동차 공학자라는 직업이 생겼어.

아마 너희들이 어른이 된 후에는 이런 미래형 차들을 어디에서나 볼 수 있게 될 거야.

와아~!

그러기 위해서 미래자동차 공학자가 더 많이 필요하겠지?

네~!

## 미래자동차 공학자가 되려면?

국내 여러 대학교에 미래자동차공학 관련 학과들이 신설되고 있어요. 대학교에서 수학, 화학, 물리 등의 기초 학문과 열역학, 미래형 자동차 시스템 설계 등의 기계공학, 그리고 디지털논리설계, 컴퓨터공학 등의 전기/전자, IT/소프트웨어, 통신네트워크 등의 학문을 배우면서 이런 모든 분야를 융복합해 미래자동차공학 종합설계를 할 수 있도록 공부해요.

중국도 신흥 기술강국 중에 하나거든.

오~

중국의 한 드론 회사에서 개발 중인 1인용 전기동력수직이착륙(eVTOL) 항공기에 대해서 들어본 적 있니?

아니요.

이 회사에서는 100kg의 무게를 싣고 25분 동안 운행이 가능하도록 집중 개발 중이야.

헉! 100kg이나요??

아까 말한 택배드론 2.26kg에 비하면 엄청나지?

그럼 다른 나라들이 우리보다 기술이 훨씬 앞서 있는 거예요?

그렇진 않아. 우리나라 정부에서도 2025년에 플라잉카 상용화를 목표로 계획을 발표하고 여러 기관과 회사들이 열심히 노력 중이거든.

31

삼촌이 다니는 회사에서는 지금 미국 운송 회사와 합작으로 플라잉택시를 개발 중이래. 맞지, 삼촌?

맞아.

삼촌이 실제 모델 사진을 보여줄게.

사진이요?

우와~ 엄청 멋있게 생겼어요!

우리 회사도 정부가 발표한 계획처럼 2025년에는 이 플라잉택시를 상용화할 계획이야.

앞으로 몇 년밖에 안 남았는데, 그게 가능한가요?

그럼~! 요즘 삼촌 회사가 바쁜 것도 그것 때문이란다.

네?

사실 이건 비밀인데 말이야.

무슨 비밀이요?

일주일 후에 삼촌 회사에서 만든 플라잉택시를 일반인들에게 공개하는 행사가 열려.

와아~ 정말요!

그럼 삼촌 회사에서 공개행사를 하는 거야?

아니, 지금 우리가 있는 한강공원에서 행사를 한단다.

여기서요?

그래.

일반적으로 새로운 자동차 공개행사는 실내에서 열리지만, 이번에 하는 행사는 시험비행까지 보여주는 거거든.

그럼 진짜 손님을 태우고 하늘을 나는 거야?

하하! 이건 시험비행이니까 실제 사람이 아니라 물건을 싣고 테스트할 거야.

아…!

그럼 삼촌 회사에서 세계 최초로 플라잉택시를 시험비행하는 건가요?

세계 최초? 너무 멋지다~!

아쉽게도 우리가 세계 최초는 아니야.

아깝다…

2019년에 미국의 비행기 회사인 보잉(Boeing) 사에서 최초로 플라잉택시 시험비행에 성공했었고 얼마 전에 일본의 드론 회사인 스카이드라이브 (Skydrive)에서도 테스트 비행에 성공했다는 소식이 있었어.

스카이드라이브의 경우에는 일본의 유명한 자동차 회사인 토요타(Toyota)와 협력을 하고 있지.

아…

플라잉카의 경우에는 용도에 따라서 여러 기업과 협력하는 경우가 많은데, 삼촌 회사도 미국의 대형 운송업체인 U사와 협력하고 있단다.

그렇구나.

그래도 아쉬워요. 우리나라가 세계 최초라면 정말 좋았을 텐데.

하하~! 플라잉카는 완전히 새로운 개념의 자동차여서 빠른 기술보다 안전이 더 중요하단다.

맞아. 경쟁심 때문에 섣부르게 비행에 나섰다가 사고라도 나면 큰일이니까.

그런데 삼촌은 플라잉카 회사에서 무슨 일을 하시는 거예요?

아, 삼촌이 하는 일은 말이지…

응? 회사에서 갑자기 무슨 일이지?

뭐? 플라잉카에 문제가 생겼다고?!

# 플라잉카 개념과 특징

상상이나 영화 속에서 등장하던 플라잉카가 현실로 이루어지고 있어요. 하늘을 나는 자동차인 플라잉카는 이동시간을 획기적으로 줄이고 환경오염을 줄일 수 있는 꿈의 운송수단으로 주목받고 있어요. 플라잉카가 무엇인지 어떤 특징을 가졌는지 알아볼까요?

● 플라잉카의 개념

도로주행과 공중 비행이 모두 가능한 자동차를 뜻해요. 자동차와 비행기의 기능이 결합한 차세대 운송 수단을 의미하며, 도로를 달리는 도로주행 비행기와 추진력을 이용하여 지면으로부터 약간 떠서 주행하는 호버카 등을 포함해요. 미국 나사에서는 공중을 시속 240~320km로 주행하고, 1,300km 이상 공중 비행하는 5인승 이하의 자동차로 플라잉카를 정의했어요. 플라잉카는 비행 자동차, 개인용 항공기라고도 불려요.

플라잉카는 항공기의 빠른 속도와 헬리콥터의 수직 이착륙 능력을 더한 거예요. 땅에서는 자동차처럼 도로를 달리다가, 하늘을 날 때는 날개를 펴고 비행기처럼 이륙해요. 하늘을 날 때 항공기와의 충돌을 막기 위해 고도 8,000m 이상은 비행할 수 없도록 제한되어 있어요.

대표적으로 미국 몰러 인터내셔널 사의 몰러 스카이카(Moller Skycar), 슬로바키아 에어로모빌 사의 에어로모빌 3.0(AeroMobil 3.0), 미국 테라푸지아 사의 트랜지션(Transition) 등의 플라잉카가 있어요. 우리나라에서는 현대자동차가 플라잉카를 연구 개발 중에 있어요.

● 플라잉카의 특징

① 플라잉카는 반경 10m의 좁은 공간에서도 이착륙이 가능해요.

② 도로를 주행하다가 윗부분의 드론과 합체하여 공중으로 날아올라요.

③ 연료 소모는 헬기의 4분의 1이고, 최대 시속은 헬기의 2배 이상인 570km예요.

④ 비행기와 달리 활주로를 달릴 필요 없이 수직으로 이착륙할 수 있어요.

⑤ 조종하려면 항공면허증과 운전면허증을 모두 가지고 있어야 해요.

# 상상의 세계가 현실로

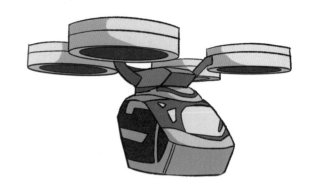

그래. 지금 회사로 출발하니까 도착해서 바로 회의 시작하지.

다들 오랜만에 외출인데 삼촌한테 급한 일이 생겨서 미안하다.

괜찮아요~!

삼촌, 그럼 우리는 다시 집으로 가면 되는 거야?

하하, 모처럼 나왔는데 그럴 수야 없지.

응?

사실은 오늘 너희들한테 삼촌 회사를 견학시켜 줄 예정이었거든.

정말요?

회사에 도착하면 준아랑 친구들은 일단 삼촌 회사 동료랑 같이 플라잉카 전시관부터 둘러보고 있어. 급한 회의 마치고 삼촌이 회사 곳곳을 견학시켜 줄게.

우와! 고맙습니다.

자, 여기가 삼촌이 일하고 있는 회사야.

와아~!

팀장님, 오셨어요?

아, 정우씨!

여긴, 아까 말했던 내 조카 준아랑 친구들이야.

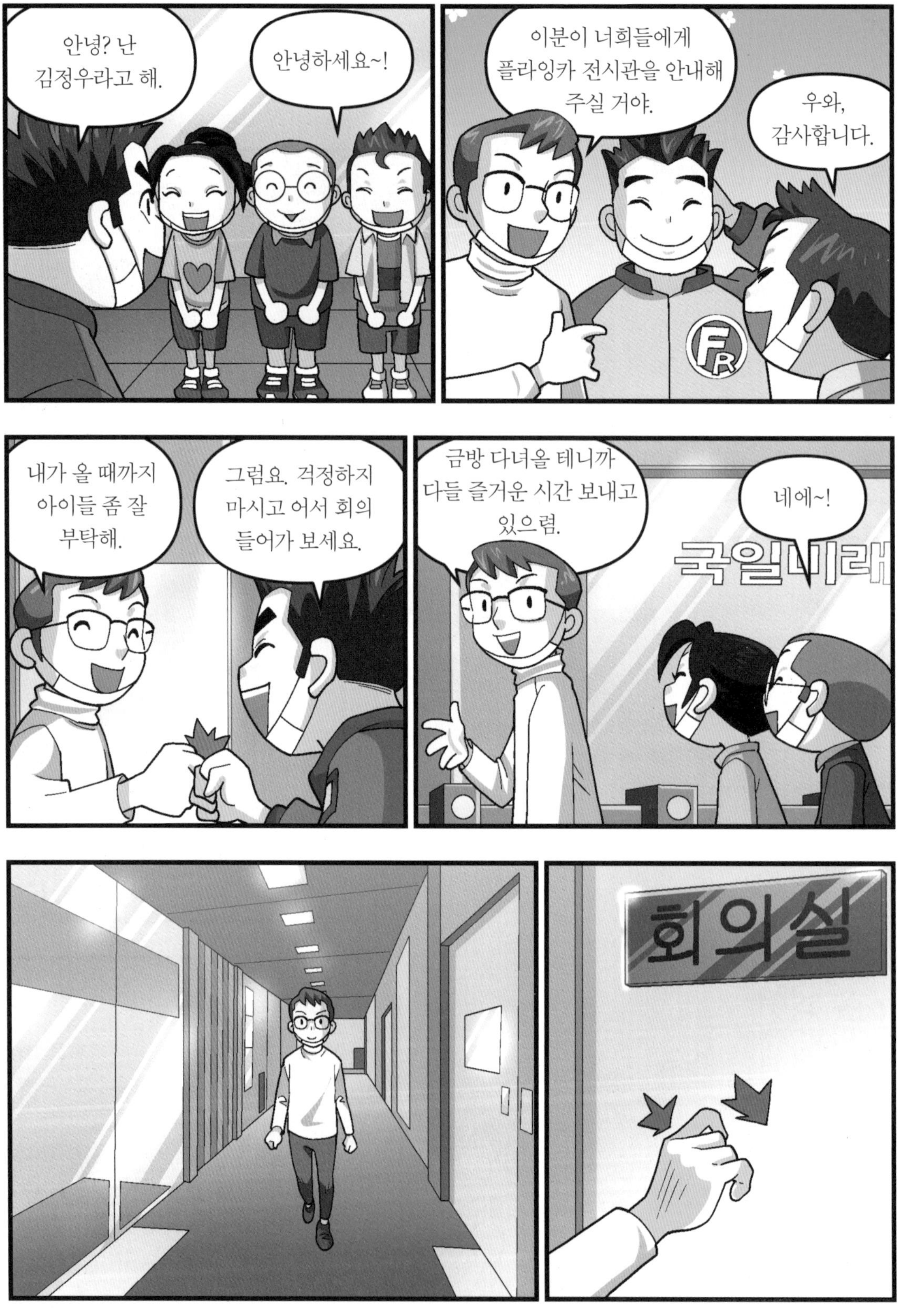
안녕? 난 김정우라고 해.
안녕하세요~!
이분이 너희들에게 플라잉카 전시관을 안내해 주실 거야.
우와, 감사합니다.
FR
내가 올 때까지 아이들 좀 잘 부탁해.
그럼요. 걱정하지 마시고 어서 회의 들어가 보세요.
금방 다녀올 테니까 다들 즐거운 시간 보내고 있으렴.
네에~!
국일미래
회의실

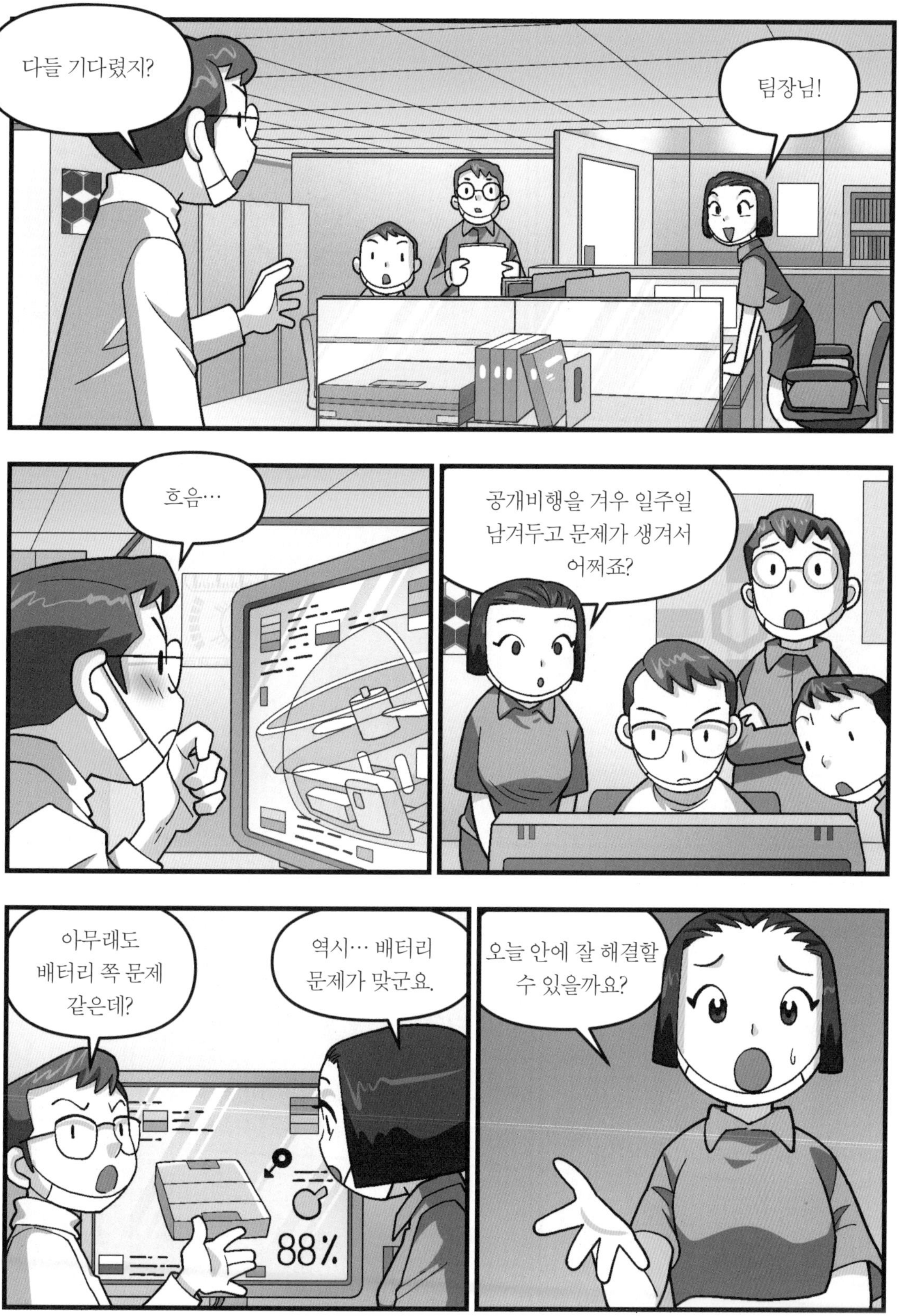
다들 기다렸지?
팀장님!
흐음…
공개비행을 겨우 일주일 남겨두고 문제가 생겨서 어쩌죠?
아무래도 배터리 쪽 문제 같은데?
역시… 배터리 문제가 맞군요.
88%
오늘 안에 잘 해결할 수 있을까요?

우리가 언제 어렵다고 포기한 적 있어?

없죠.

그러니까 다들 힘내서 다시 시작해 보자구.

좋습니다!

어려운 문제가 생긴 것 같았는데 너희 삼촌 괜찮으실까?

으음…

아마 괜찮을 거야. 문제가 발생할 때마다 해결해내는 게 플라잉카 개발과정의 필수라고 삼촌이 그랬거든.

우와~! 준아야. 그 말 되게 멋있다!

하하, 역시 팀장님 조카답게 준아가 잘 알고 있구나.

뭘요.

자, 그럼 모두 함께 우리 회사의 플라잉카 전시관으로 들어가 볼까?

플라잉카 전시관

좋아요~!

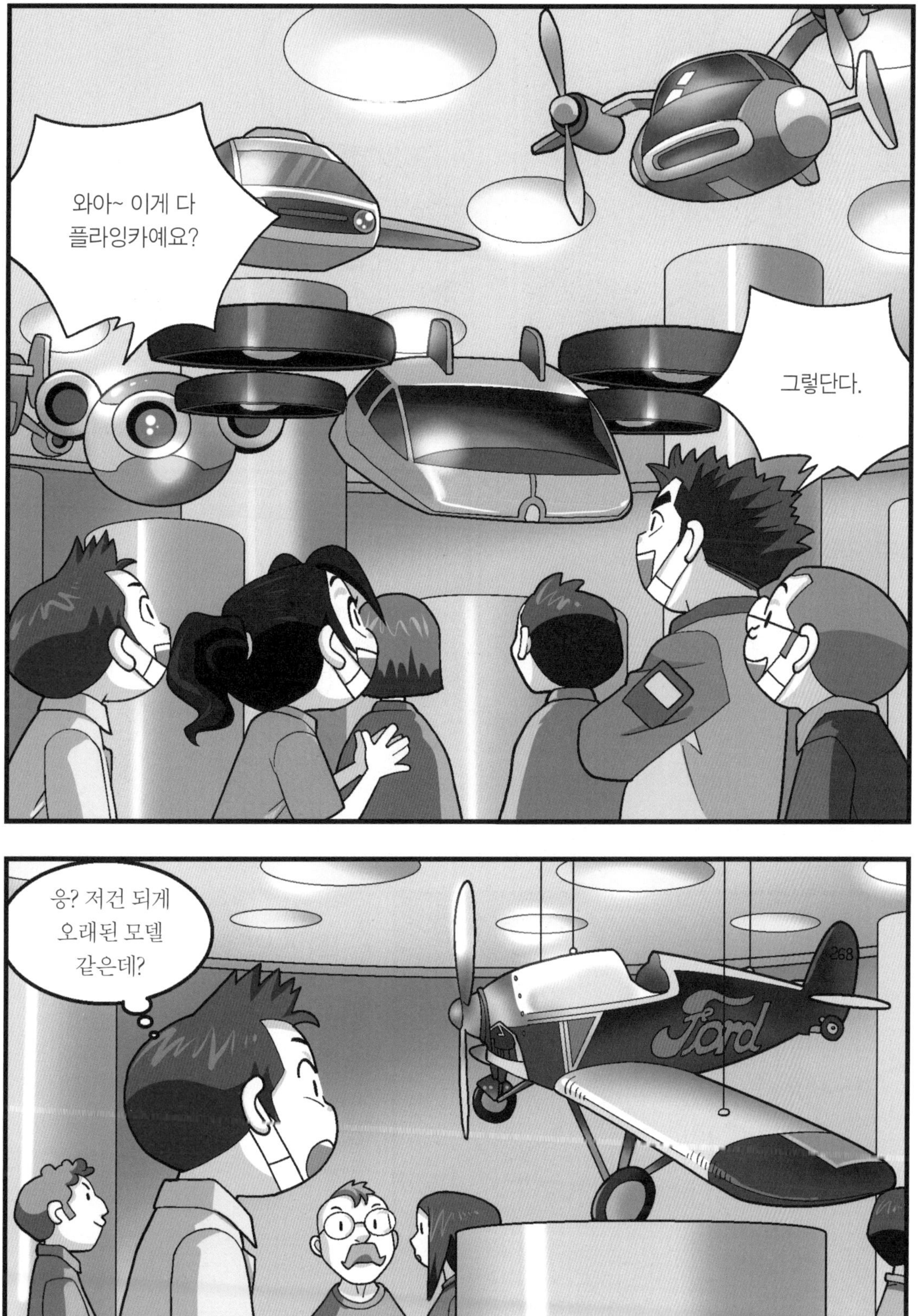
와아~ 이게 다
플라잉카예요?
그렇단다.
응? 저건 되게
오래된 모델
같은데?
Ford
268

포드(Ford)? 이게 이름인가?

저 플라잉카의 이름은 스카이플리버(sky flivver)라고 해.

1926년에 포드라는 미국 자동차 회사에서 만든 플라잉카란다.

1926년이면 100년이나 된 거잖아요.

맞아. 플라잉카가 생각보다 일찍 만들어졌지?

스카이플리버가 나온 당시에도 '하늘을 나는 자동차'라며 엄청나게 관심을 모았는데, 안타깝게도 비행 중에 추락 사고가 생겨서 생산이 중단되었어.

## 최초의 플라잉카

세계 최초의 플라잉카는 자동차가 처음 만들어진 1885년으로부터 불과 32년 후인 1917년에 등장했어요. 글렌 커티스라는 항공 전문가가 미국항공박람회에서 처음 선보인 '에어로플레인(Aeroplane)'이 플라잉카의 원조이고 이후로도 항공기 개발자인 왈도 워터맨의 에어로빌(Aerowbile, 1937년) 등 플라잉카를 만들기 위해 많은 시도가 이루어졌어요.

하지만 플라잉카에 대한 연구는 그 후로도 멈추지 않고 여러 사람에 의해 진행되었는데

최근 들어서는 한계에 처한 교통 체증의 최종 해결책으로 플라잉카가 떠오르면서 세계 각국에서 앞다투어 연구 개발이 이루어지고 있지.

그중에서도 앞서 나가고 있는 나라들이 미국, 독일, 프랑스 등인데

공유 차량 서비스로 유명한 미국의 한 회사에서는 2023년까지 플라잉카의 실제 도심상공운행을 계획하고 있고

독일 같은 경우도 거액의 연구비를 투자해서 5인승 플라잉택시의 테스트모델을 이미 완성했어.

우와~ 부러워요.

하하~ 너무 부러워하지 않아도 돼. 우리나라도 열심히 하고 있으니까.

우리도 정부와 기업들이 협력해서 차근차근 국가적인 역량을 키워나가고 있단다.

다행이다~

45

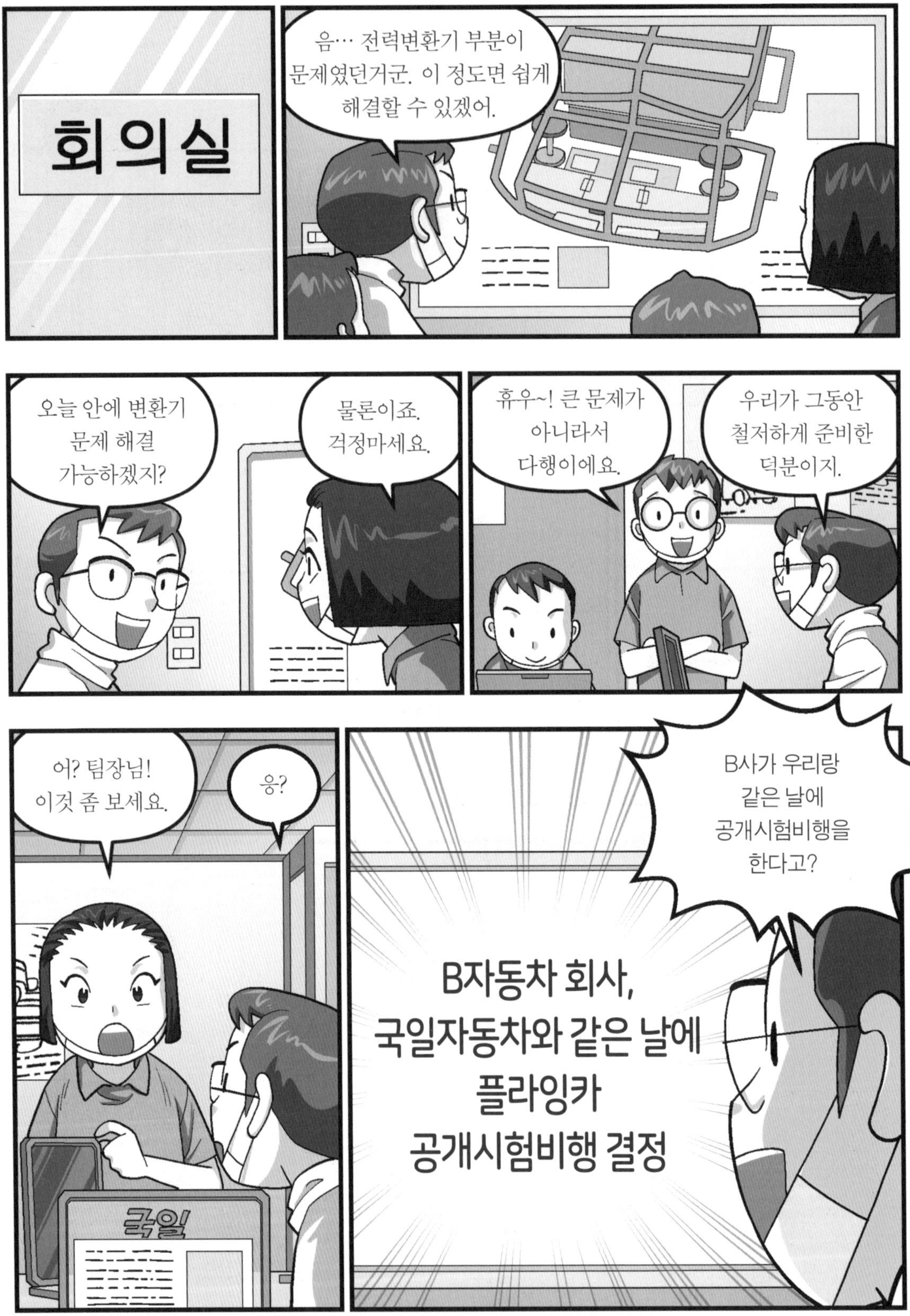
회의실
음… 전력변환기 부분이 문제였던거군. 이 정도면 쉽게 해결할 수 있겠어.
오늘 안에 변환기 문제 해결 가능하겠지?
물론이죠. 걱정마세요.
휴우~! 큰 문제가 아니라서 다행이에요.
우리가 그동안 철저하게 준비한 덕분이지.
어? 팀장님! 이것 좀 보세요.
응?
국일
B사가 우리랑 같은 날에 공개시험비행을 한다고?
B자동차 회사, 국일자동차와 같은 날에 플라잉카 공개시험비행 결정

게다가 우리 회사보다 앞선 기술을 선보인다고 발표했대요.

팀장님, 어떡하죠?

흐음…

B사가 어떤 기술을 선보이든 우리는 우리 일을 열심히 하면 돼. 너무 걱정하지 말고 배터리 문제부터 해결하자고.

네, 알겠습니다.

B사가 우리에게 경쟁의식을 가지고 있다는 건 알고 있었지만, 그쪽이 가진 기술로 공개시험 비행은 아직 무리일텐데…

아까 삼촌이 사진으로 보여준 플라잉택시가 이거구나.

실제로 보니까 사진보다 훨씬 멋지다.

와아~! 나도 타보고 싶다!

녀석들, 열심히 보고 있군.

어? 삼촌!

응?

다들 즐겁게 보고 있었어?

네에~!

팀장님, 회의는 잘 끝나셨나요?

물론이지.

배터리에 작은 문제가 있었는데 연구원들이 곧 해결할 거야.

다행이다!

그럼 공개비행도 계획대로 할 수 있는 거야?

당연하지.

바로 이 플라잉택시로
공개비행을 할 거야.

와아~!

그동안
고생도 많았지만 아주
보람찬 과정이었어.

정말
수고하셨어요.

너희 삼촌이 이걸 다
만드신 거야?
너무 대단하시다!

으응?

이런… 솔이가 내 말을
오해했구나. 플라잉카를
만드는 데는 나 말고도
많은 사람들이
필요해.

그럼 삼촌은
정확하게 무슨 일을
하시는 거예요?

하하~ 아직 준아가
얘기 안 했니?

## 플라잉카 개발자란?

자동차와 비행기가 결합된 차세대 운송수단인 플라잉카를 개발하는 사람을 말해요. 초기에는 실무적인 기술자의 의미가 컸지만, 산업이 성장하면서 플라잉카 연구 개발 전반과 관련 법규들을 총괄하는 업무가 늘고 있기에 기술자라기 보다는 연구원으로서의 의미가 더욱 커지고 있어요. 전세계적으로 플라잉카에 대한 수요가 늘고 있어서 앞으로 더 각광받게 될 직업이기도 해요.

총 책임자니까 삼촌이 대장님인 거잖아요. 맞죠?

하하, 그런 건 아니고…

이걸 어떻게 설명해 줘야 하지?

아이들에게 개발자의 하루 일과를 설명해 주면 이해가 빠르지 않을까요?

아! 그렇겠군.

얘들아, 아까 2025년에 플라잉카가 상용화될 예정이라고 얘기했었지?

네~

실제로 그렇게 되려면 플라잉카를 만들 수 있는 기술 중 더 발전해야 하는 것과 동시에 해결해야 할 또 다른 문제들이 있어.

다른 문제요?

플라잉카 개발자는 기술 개발, 연구 외에도 다른 모든 문제를 해결하기 위해 일해.

그래서 플라잉카 개발자는 이렇게 하루를 보내게 되지.

가장 먼저 플라잉카를 제조하고 있는 현장을 둘러보며 상황을 점검하고

지금 연구 중인 각각의 개발실에서 생긴 문제들을 파악하고 개선 방향에 대해 회의를 진행해.

그리고 완성된 제품의 테스트를 모니터링하기도 하고

플라잉카를 만들기 위해 공부하고 있는 학생들에게 강의를 하기도 하지.

또 가장 중요한 것 중 한 가지. 플라잉카 교통에 관련된 법을 만드는 일도 하고 있어.

교통법

교통 관련 법을 만드는 일까지?

맞아.

삼촌이 판사나 검사도 아닌데 왜 법을 만들어요?

음… 쉬운 예를 들어볼까? 우리가 횡단보도를 건널 때 신호등에 파란불이 켜지면 건너야 하잖아?

에이, 그건 당연하죠.

그런 당연한 것부터 시작해서 도로와 자동차에 관련된 모든 약속이 법으로 만들어져 있는 것처럼 플라잉카도 하늘을 날 때 지켜야 할 법들이 필요해.

와아… 하늘에서 지킬 교통법규를 하나하나 새로 다 만들어야 하는구나.

그렇지.

도로를 달리는 자동차들의 경우, 교통관제센터에서 신호등을 통해
차량 흐름을 통제하고 있잖아.

비행기의 경우에도 마찬가지로 공항의 관제탑을 통해
비행의 흐름을 통제하고 있지.

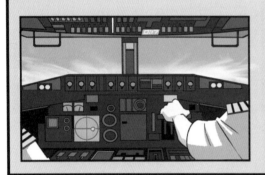 

자동차나 비행기처럼 플라잉카도 하늘을 날 때 규칙이 필요해.
그래서 새로운 교통관제시스템과 법이 필요한 거야.

## 플라잉카 관련 교통법규

미국 항공우주국(NASA)은 플라잉카 시장이 2030년 25만 대에 이를 것으로 전망하고 있어요. 따라서 플라잉카 운전면허 체계, 운전자의 안전기준, 인근 공항과의 연계 등 완전히 새로운 법체계의 성립이 선결 과제로 대두되고 있는데요. 우리 정부는 기술기준 제정, 지상에서의 전용도로 확보 등 교통체제 정비를 2025년까지 마련할 방침이에요.

상용화될 플라잉카의 안전기준, 앞으로 필요하게 될 보험 제도 등을 만들기 위해 관련 정부부처와도 끊임없이 논의하고 있단다.

정말 어렵지만, 꼭 필요한 직업이네요.

하하~ 알아줘서 고맙구나.

그럼 플라잉카 개발자가 되려면 어떤 공부를 해야해요?

다양한 일들을 해야하는 만큼 필요한 지식도 많겠지?

그… 그렇겠죠?

벌써부터 너무 겁 먹지는 마.

설명해 주시면 잘 들어볼게요.

플라잉카 개발자가 되기 위해서는 먼저 플라잉카를 만드는 기술 전반을 이해할 수 있는 기본적인 공학지식이 필요해.

자동차공학, 드론공학, 로봇공학, 우주공학 등을 대학교의 관련 학과에서 전공하는 게 좋아.

그렇구나~

두 번째는 커뮤니케이션 능력인데, 아까 삼촌이 정부부처와 끊임없이 회의를 해야한다고 했었지?

네.

이런 회의를 잘 이끌기 위해서 평소에 남들과 대화하는 능력을 키우는 게 좋아. 토론 능력도 필요하니까 학교에서 토론 수업을 열심히 참여하는 게 좋겠지?

아~

마지막으로 해외기업들과 원활한 소통을 위해서 외국어 능력도 필수라고 할 수 있어.

헉! 외국어까지요?

세계 각국에서 플라잉카 산업을 연구하고 있고 개발자들을 필요로 하고 있거든. 해외기업에서 일할 기회도 많으니까 외국어는 꼭 필요하지.

그렇구나~

해야 할 공부가 너무 많아서 저는 플라잉카 개발자가 되기는 어려울 것 같아요.

하하~

지금부터 꾸준히 관심을 가지고 공부하면 가능한 일이란다.

그, 그럴까요?

평소에 자동차나 드론기술에 관심을 가지고 관련 기사를 찾아보는 것도 많은 도움이 될거야.

네~

제가 보기엔 삼촌은 슈퍼맨만큼 멋진 것 같아요.

슈… 슈퍼맨?

음… 사실 나도 나중에 커서 삼촌처럼 플라잉카 개발자가 되는 게 꿈이야.

뭐? 준아 꿈이 플라잉카 개발자라고?

응.

대단하다. 준아는 벌써 장래희망이 있구나.

하하… 고마워.

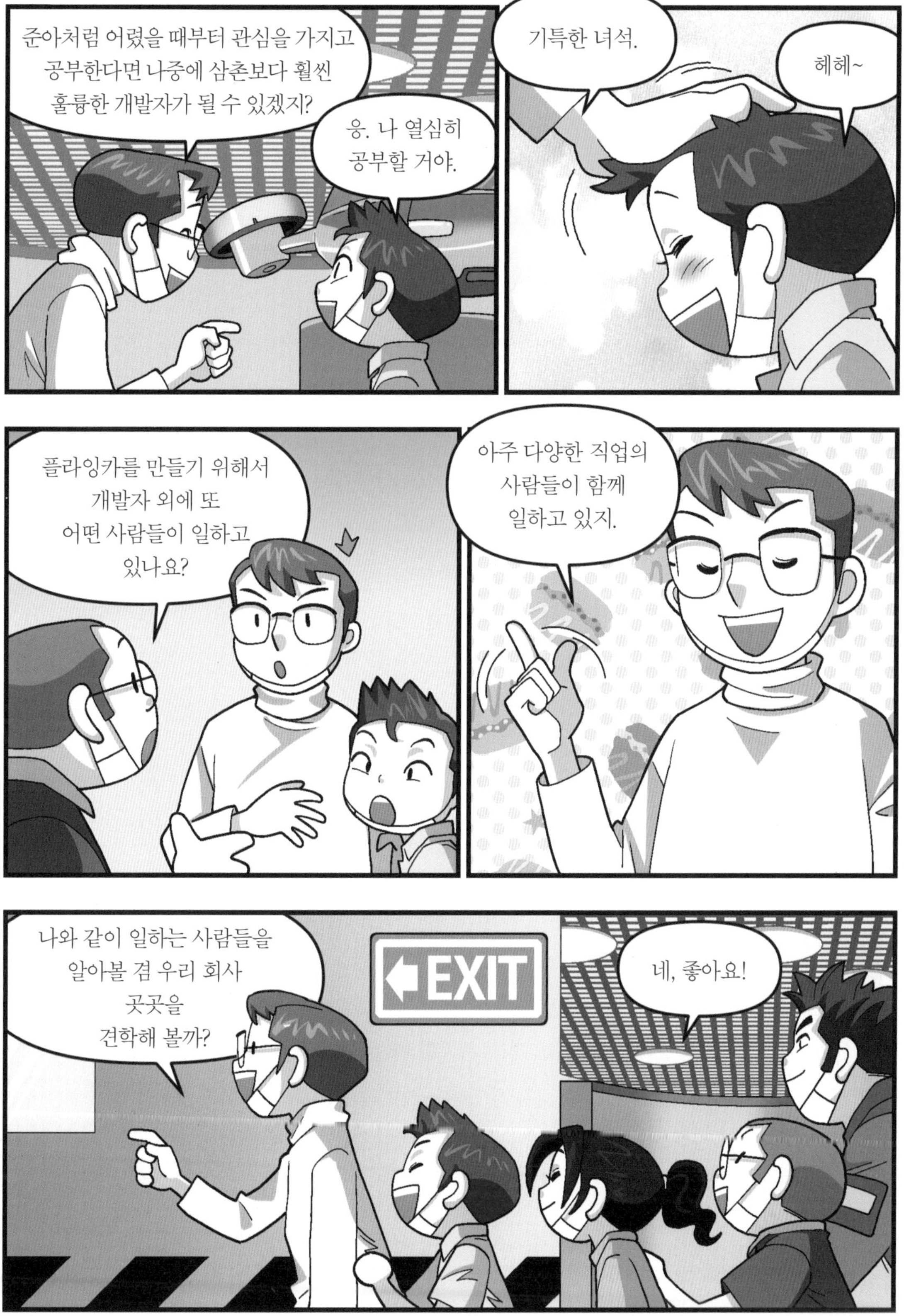
준아처럼 어렸을 때부터 관심을 가지고 공부한다면 나중에 삼촌보다 훨씬 훌륭한 개발자가 될 수 있겠지?
응. 나 열심히 공부할 거야.
기특한 녀석.
헤헤~
플라잉카를 만들기 위해서 개발자 외에 또 어떤 사람들이 일하고 있나요?
아주 다양한 직업의 사람들이 함께 일하고 있지.
나와 같이 일하는 사람들을 알아볼 겸 우리 회사 곳곳을 견학해 볼까?
EXIT
네, 좋아요!

# 플라잉카의 역사

플라잉카는 미래 사회를 대표하는 혁신적인 운송수단으로 미래의 모습으로 상상되고 있지만, 자동차 못지않은 긴 역사를 갖고 있어요. 100년도 넘는 그 이전부터 플라잉카가 개발되기 시작했다는 것이 놀랍지 않나요? 하지만 기술력 부족으로 개발이 진행되지 못하고 중단되었다가 최근 항공 산업의 기술이 발전하면서 플라잉카 개발이 다시 속력을 내고 있어요. 플라잉카는 어떻게 발전해 왔는지 역사를 알아볼까요?

1917년, 항공 전문가인 글렌 커티스가 미국 항공박람회에서 최초의 플라잉카인 에어로플레인(Aeroplane)을 선보였어요.

1926년, 헨리 포드가 발표한 1인승의 스카이 플리버(Sky Flivver)가 등장했어요. 하지만 비행 중 추락하여 조종사가 사망하면서 개발이 중단되고 말았어요.

1937년, 항공기 개발자인 왈도 워터맨은 에어로빌(Aerowbile)을 만들었어요. 에어로플레인과 마찬가지로 차량 후면에 프로펠러가 부착된 형태로, 보관할 때는 날개를 분리하는 모양이었어요.

1947년, 자동차와 비행기가 결합한 컨베이어 모델 116과 118이 세계 최초의 실용화 모델로 인식되고 있어요. 그러나 컨베이어는 날개를 접지 못한다는 치명적인 단점이 있어 도로주행을 금지해야만 했어요.

1949년, 미국의 디자이너 몰턴 테일러가 현재와 가장 비슷한 플라잉카인 테일러 에어로카(Aerocar)를 선보였어요. 워싱턴대학교에서 공학을 전공하고 제 2차 세계대전에 해군 조종사로 참전하기도 했던 테일러는 전쟁이 끝나자 곧바로 에어로카 개발을 시작해 직접 제조하고 판매까지 했어요. 자동차에 날개와 프로펠러 엔진을 붙인 에어로카는 사람이 직접 손으로 날개를 접고 펴야 했지만 차체 후미에 프로펠러를 달면, 곧바로 이륙할 수 있어서 이목을 끌었어요. 에어로카의 엔진도 성능이 뛰어나 도로에서는 시속 96km를 달릴 수 있었고, 하늘에서는 시속 176km로 비행할 수 있었어요. 그러나 비행 속도가 느리고 당시 생산시설과 자금이 부족하여 소량 생산에 그쳐야 했어요.

그 후 에드워드 스위니가 만든 로터스 엘리스(Lotus Elise)는 2인승 스포츠카를 닮은 몸체에 분리가 가능한 날개와 프로펠러가 달려있어 시속 250km로 날아다닐 수 있었어요.

1960년대부터 민간항공운송시대가 찾아오면서 플라잉카에 관한 관심은 사라졌어요. 군사용으로 연구 개발된 VZ-8 에어집(Model 59K Skycar)이 있었지만 현대전에는 걸맞지 않는다고 판단한 미군이 계획을 중단시켰어요.

그 후 간헐적으로 이어지던 연구는 2003년 미국의 나사(NASA)에서 개인 항공차량(Personal Air Vehicle, PAV) 프로젝트를 시작하면서 본격적으로 되살아나기 시작했어요.

플라잉카로 대표되는 도심항공모빌리티(UAM) 시장은 높은 성장성이 예상되는 만큼 선점하려는 기업들의 움직임이 숨가쁘게 이어지고 있어요. 미국의 보잉, 프랑스의 에어버스 등 항공업계는 물론 우리나라의 현대자동차, 일본의 도요타, 독일의 폭스바겐, 미국의 GM 등 자동차업계를 비롯하여 이동통신사 등이 UAM 시장에 사활을 걸고 있어요.

# 위기를 기회로!

여기는 첫 번째로 소개해 줄 배터리 연구실이야. 플라잉카를 움직이게 하는 핵심부품을 만드는 곳이지.

와아~!

이분은 우리 회사의 친환경 수소배터리개발을 책임지고 있는 연구원이셔.

안녕? 다들 반가워.

안녕하세요~!

1차 전지

2차 전지

## 수소전지배터리 개발자(연구원)

고효율 저비용의 연료전지 및 연료전지시스템의 개발과 상용화 등 연료전지발전 기술을 종합적으로 연구해요. 연료전지를 응용한 전기·전자 제품에서부터 분산발전용·건물용·무정전백업용·선박용 등 다양한 연료전지시스템 적용을 위한 관련 기술을 연구 개발해요. 연료전지는 수소를 공기 중 산소와 화학반응 시켜 전기를 생성하는 미래 동력원으로 전기, 화학, 재료, 기계적 지식 등이 요구되기 때문에 화학공학, 전기·전자공학, 기계공학, 재료공학을 전공하는 것이 유리해요.

맞았어. 거기에 하나 더.
3차 전지배터리라고 불리는
연료전지(Fuel cell)가 있어.

연료전지?

내가 만들고 있는 배터리가 바로 이 3차 전지,
즉 수소를 연료로 사용하는 배터리야.

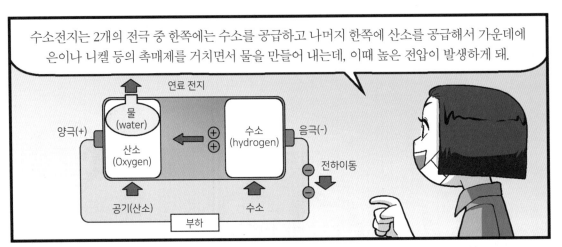

수소전지는 2개의 전극 중 한쪽에는 수소를 공급하고 나머지 한쪽에 산소를 공급해서 가운데에
은이나 니켈 등의 촉매제를 거치면서 물을 만들어 내는데, 이때 높은 전압이 발생하게 돼.

연료 전지

물
(water)

양극(+)

산소
(Oxygen)

수소
(hydrogen)

음극(-)

전하이동

공기(산소)

수소

부하

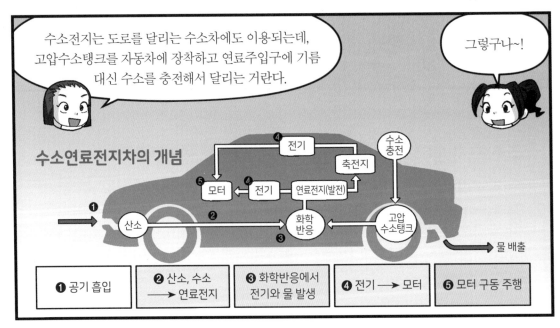

수소전지는 도로를 달리는 수소차에도 이용되는데,
고압수소탱크를 자동차에 장착하고 연료주입구에 기름
대신 수소를 충전해서 달리는 거란다.

그렇구나~!

수소연료전지차의 개념

❹ 전기

수소
충전

축전지

❺ 모터

❹ 전기

연료전지(발전)

❶ 산소

❷

화학
반응

❸

고압
수소탱크

물 배출

❶ 공기 흡입

❷ 산소, 수소
→ 연료전지

❸ 화학반응에서
전기와 물 발생

❹ 전기 → 모터

❺ 모터 구동 주행

우리 플라잉택시도 같은 원리를 이용하고 있어.

우와~ 자동차는 주유소에서 넣는 기름으로만 움직이는 줄 알았는데 그런 게 있다니 너무 신기해요.

이제까지의 자동차는 화석연료만으로도 충분했지만, 미래형 자동차인 플라잉카는 이전보다 더 나아져야겠지?

수소전지가 석유보다 더 좋은 건가요?

물론이지. 효율성도 더 높은 데다가 친환경적이란다.

친환경이면 플라잉카가 움직일 때 매연이 나오지 않는 거예요?

그렇지.

## 수소연료전지란?

수소를 연료로 이용해 전기에너지를 생성하는 발전 장치를 말해요. 일반 화석연료와 달리 공해물질을 내뿜지 않기 때문에 친환경 에너지에 속하며, 소음이 없다는 장점을 갖고 있어요. 또한 효율성도 높아서 미래의 에너지원으로 각광받고 있어요.

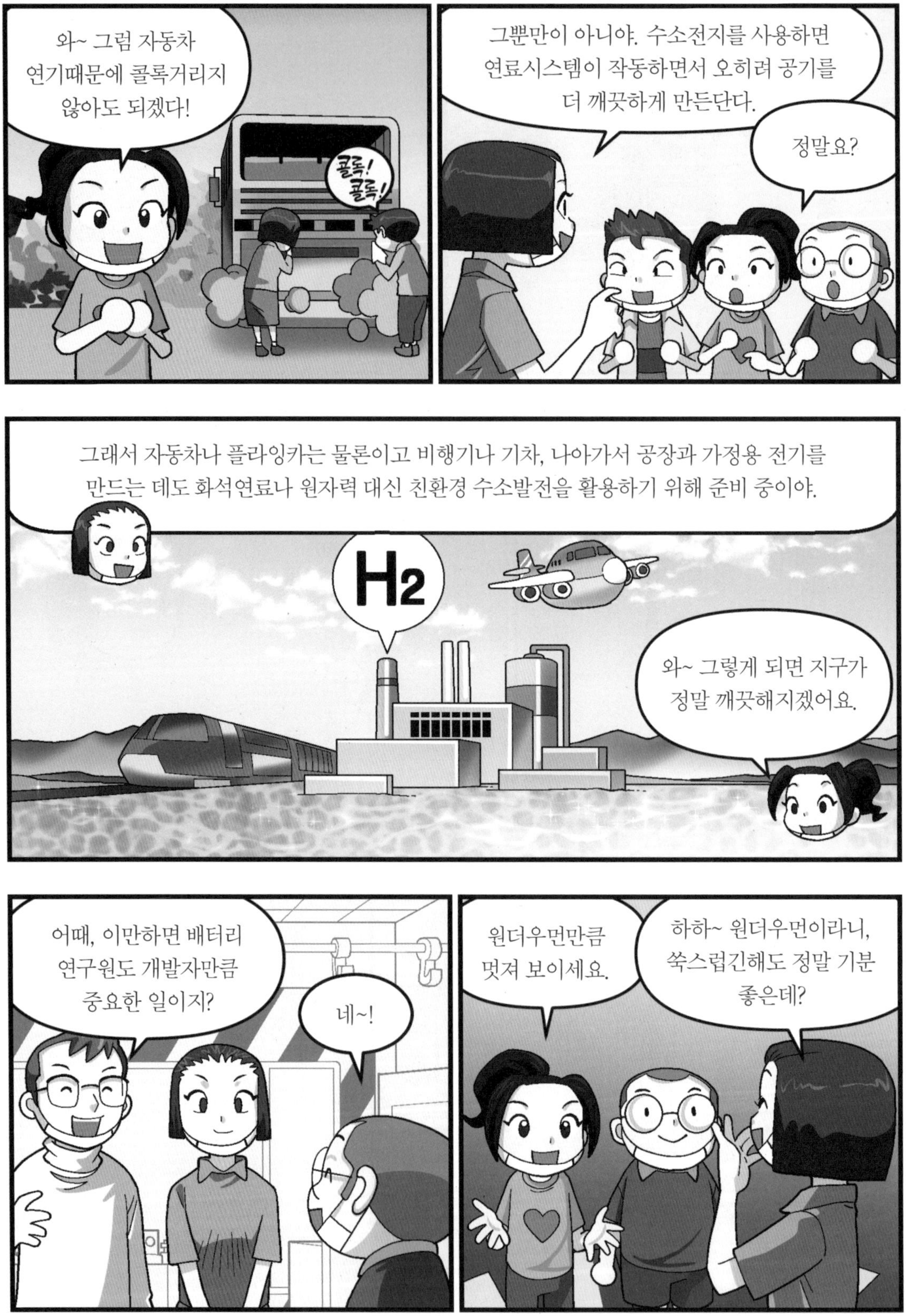
와~ 그럼 자동차 연기때문에 콜록거리지 않아도 되겠다!
콜록! 콜록!
그뿐만이 아니야. 수소전지를 사용하면 연료시스템이 작동하면서 오히려 공기를 더 깨끗하게 만든단다.
정말요?
그래서 자동차나 플라잉카는 물론이고 비행기나 기차, 나아가서 공장과 가정용 전기를 만드는 데도 화석연료나 원자력 대신 친환경 수소발전을 활용하기 위해 준비 중이야.
H2
와~ 그렇게 되면 지구가 정말 깨끗해지겠어요.
어때, 이만하면 배터리 연구원도 개발자만큼 중요한 일이지?
네~!
원더우먼만큼 멋져 보이세요.
하하~ 원더우먼이라니, 쑥스럽긴해도 정말 기분 좋은데?

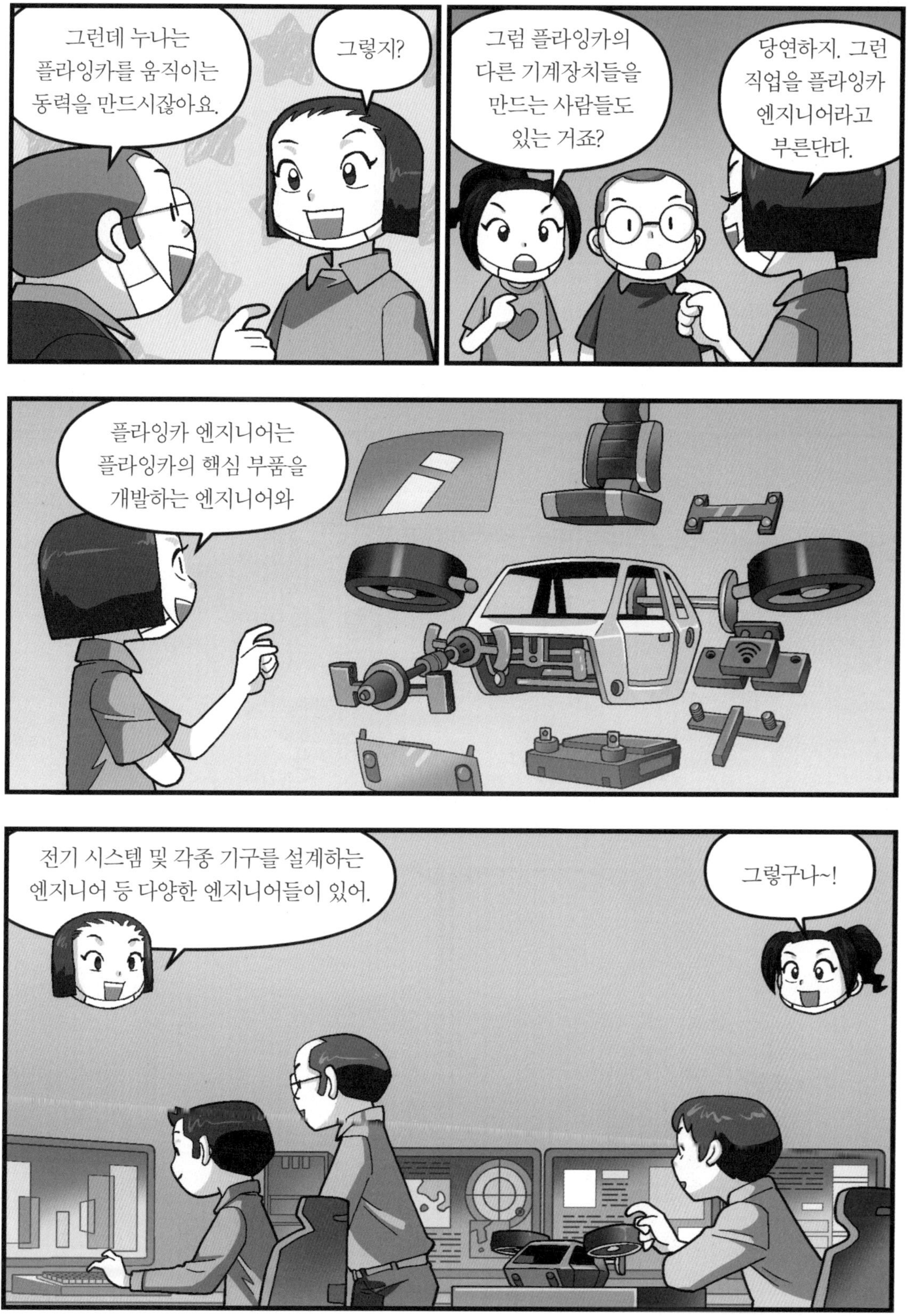
그런데 누나는 플라잉카를 움직이는 동력을 만드시잖아요.
그렇지?
그럼 플라잉카의 다른 기계장치들을 만드는 사람들도 있는 거죠?
당연하지. 그런 직업을 플라잉카 엔지니어라고 부른단다.
플라잉카 엔지니어는 플라잉카의 핵심 부품을 개발하는 엔지니어와
전기 시스템 및 각종 기구를 설계하는 엔지니어 등 다양한 엔지니어들이 있어.
그렇구나~!

## 플라잉카 엔지니어

플라잉카가 도로를 달리고 하늘을 나는 데 필요한 전문분야의 첨단 기술을 설계하고 개발하는 일을 해요. 각각의 엔지니어들이 복잡한 여러 전문분야를 다양한 방식으로 결합하며 플라잉카를 설계하고 만드는 업무를 수행해요. 플라잉카 엔지니어가 되기 위해서는 물리학, 컴퓨터공학, 기계공학, 전기공학, 전자공학 등을 전공해 관련 지식들을 쌓는 것이 중요해요.

하하~ 곽동훈 팀장님, 오랜만입니다.

그러게요. 바쁘실텐데 어쩐 일로 전화를 주셨습니까?

다름이 아니라 일주일 뒤에 열릴 공개시험비행 말입니다~

공개시험비행?

흐음… 네, 말씀하시죠.

곽 팀장님도 뉴스를 보시면 아시겠지만 저희 회사에서 그쪽보다 앞선 기술을 선보이려고 해요.

하하~ 그러신가요?

이걸 말씀드려도 될지 모르겠는데…
사실 저희 회사 제품이 자율주행에
성공했거든요.

헉!

완전
자율주행?

아~ 그러시군요.

하하~ 제가 곽 팀장님 생각해서
이러는 겁니다. 망신 당하지 않으려면
공개비행을 포기하시는 게 어떨까요?

팀장님. 저 말이
사실이라면 정말
큰일이잖아요.

으음…

그래도 포기라니…
절대 그럴 순 없지.

네?

B자동차 회사의
자율주행 플라잉카 개발 성공을
축하드립니다.

저희는 이제까지 열심히 만든 기술로 정정당당하게 승부해 보겠습니다.

응? 곽 팀장님, 그게 무슨 말씀…

그럼 이만 끊겠습니다~ 일주일 후에 다시 뵙죠.

곽 팀장…!

띠릿

삼촌, 무슨 일이야?

아, 너희들도 듣고 있었구나.

별일 아니야. 경쟁 회사에서 우리랑 같은 날 공개시험비행을 한다는구나.

네?! 그럼 별일 아닌 게 아니잖아요!

하하~ 그런가?

팀장님, 정말 포기해야 하는 거 아닐까요?

무슨 그런 약한 말을!

그런데 자율주행이 뭐예요? 아까 엄청 좋은 것처럼 자랑하던데.

하하~ 자율주행이 성공했다면 엄청 좋은 게 맞아.

정말요?

B사라는 곳에서 자율주행차같은 기술을 개발한 건가요?

오~ 영빈이는 자율주행차에 대해서 알고 있구나.

아유~ 그러니까 자율주행이 무슨 말이냐고요~

이런, 미안. 솔이에게 설명을 안 해줬구나.

피~

## 시스템반도체 공학자(연구원)

시스템반도체는 우리 주변에 있는 IT 기기의 핵심이에요. 반도체 수요가 AI, 자동차, 로봇, 에너지 등 전 산업으로 확산되면서 시스템반도체의 중요성이 커지고 있어요. 또한 플라잉카 산업의 성장세는 물론, 4차 산업 혁명으로 인한 OLED와 메모리반도체 시장의 성장으로 인해 시스템반도체 공학자의 수요는 앞으로도 계속 늘어날 전망이에요. 대학교에서 관련학과를 전공하고 더 깊이있는 공부를 위해 대학원을 졸업하는 경우도 많으며, 일반적으로 대학교 졸업 후 대기업에서 연구개발직으로 일해요.

자율주행에 대해 궁금한 게 많다고?

네, 자율주행이 뭔지 잘 모르겠어요.

자율주행이란 건 말 그대로 자동차나 비행기가 스스로 운전을 할 수 있는 기술이야.

아~

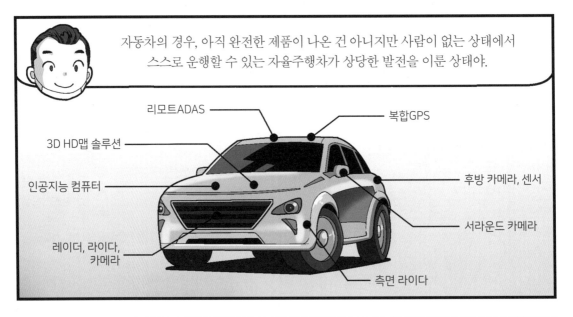

자동차의 경우, 아직 완전한 제품이 나온 건 아니지만 사람이 없는 상태에서 스스로 운행할 수 있는 자율주행차가 상당한 발전을 이룬 상태야.

리모트ADAS

복합GPS

3D HD맵 솔루션

인공지능 컴퓨터

후방 카메라, 센서

서라운드 카메라

레이더, 라이다, 카메라

측면 라이다

자율주행차는 1970년대 중후반부터 기초적인 연구가 이루어지기 시작했는데

연구 초기에는 아무런 장애물이 없는 곳에서 차선을 넘지 않는 정도의 운행만 가능했어.

그 정도만 해도 대단한 거 아니에요?

도로가 얼마나 복잡한데 그 정도 기술만 가지고 실제로 운행했다간 큰일 나지.

칫, 뭐 그렇긴 하겠다…

하하~

이후로도 연구가 꾸준히 이어졌는데, 2010년대에 들어서는 컴퓨터의 딥러닝(Deep Learnig)* 이 가능해지면서 현재 상용되고 있는 자동차에도 일부 자율주행이 가능한 제품이 출시되어 있어.

와아~

*딥러닝(Deep Learnig): 컴퓨터가 사람처럼 생각하고 배울 수 있도록 하는 기술

플라잉카는 애초부터 자율주행시스템을 갖추는 게 목적이었다고 삼촌한테 들었어요.

맞아.

그래서 우리 회사도 머지 않아 완전한 자율주행이 가능하도록 계속 개발 중인데, 그 주요부품인 집적회로(IC)를 만드는 게 바로 이 시스템반도체 연구실이란다.

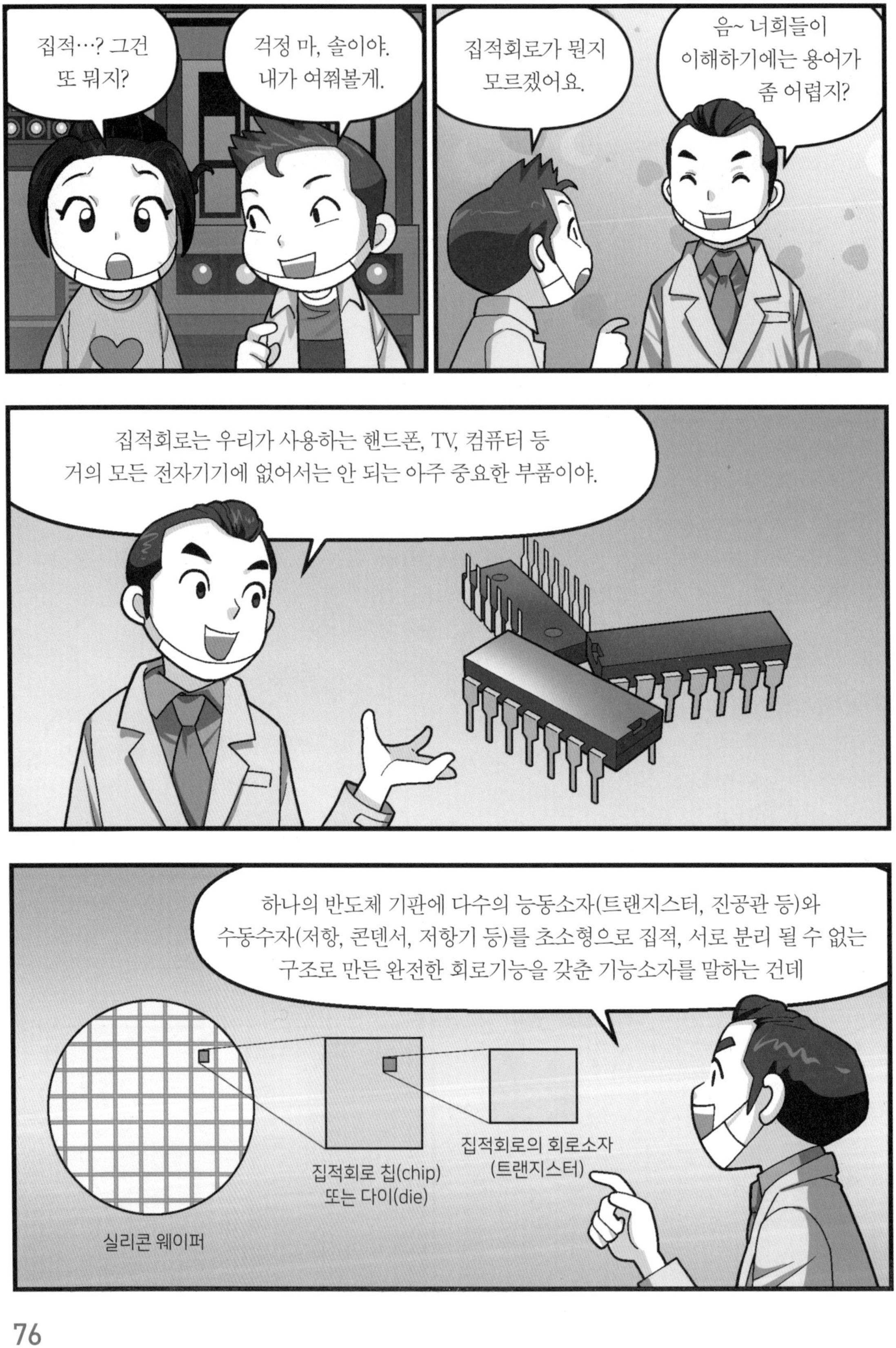
집적…? 그건 또 뭐지?
걱정 마, 솔이야. 내가 여쭤볼게.
집적회로가 뭔지 모르겠어요.
음~ 너희들이 이해하기에는 용어가 좀 어렵지?
집적회로는 우리가 사용하는 핸드폰, TV, 컴퓨터 등 거의 모든 전자기기에 없어서는 안 되는 아주 중요한 부품이야.
하나의 반도체 기판에 다수의 능동소자(트랜지스터, 진공관 등)와 수동수자(저항, 콘덴서, 저항기 등)를 초소형으로 집적, 서로 분리 될 수 없는 구조로 만든 완전한 회로기능을 갖춘 기능소자를 말하는 건데
실리콘 웨이퍼
집적회로 칩(chip) 또는 다이(die)
집적회로의 회로소자 (트랜지스터)

으~ 무슨 말인지 모르겠어요.

하하~

한 마디로 말해서 여러가지 부품들을 초소형으로 집적시켜 만든 부품이야.

그러니까! 그 복잡하고 조그만 부품이 플라잉카의 자율주행을 할 수 있게 한다는 말이죠?

맞았어!

오~ 솔이 네가 어쩐 일이야?

훗~ 여기 온 후로 내가 점점 똑똑해지고 있는 기분이야.

하하~

자율주행 외에 시스템반도체 연구원이 하는 일은 어떤 게 있나요?

우선 컴퓨터의 지능형 시스템을 위한 회로설계, 컴퓨터 구조에 대한 다양한 연구를 하고

AI(인공지능)의 운영체제 및 시스템 프로그래밍 등 다양한 소프트웨어를 연구해.

또 이것들을 만들기 위한 다양한 재료와 장비기술을 연구하지.

한 마디로 플라잉카의 운영 시스템과 그 시스템을 이루는 핵심부품을 연구하는 직업이네요.

오~ 내 말을 금방 이해하다니, 너희들 정말 대단한데?

뭘요. 이 정도는 유치원생도 알아들을 수 있죠.

솔이 너 진짜 이해력이 점점 좋아지고 있어.

사실 그냥 대충 아는 척 하는 거야.

아하하…

영빈이한텐 비밀이야.

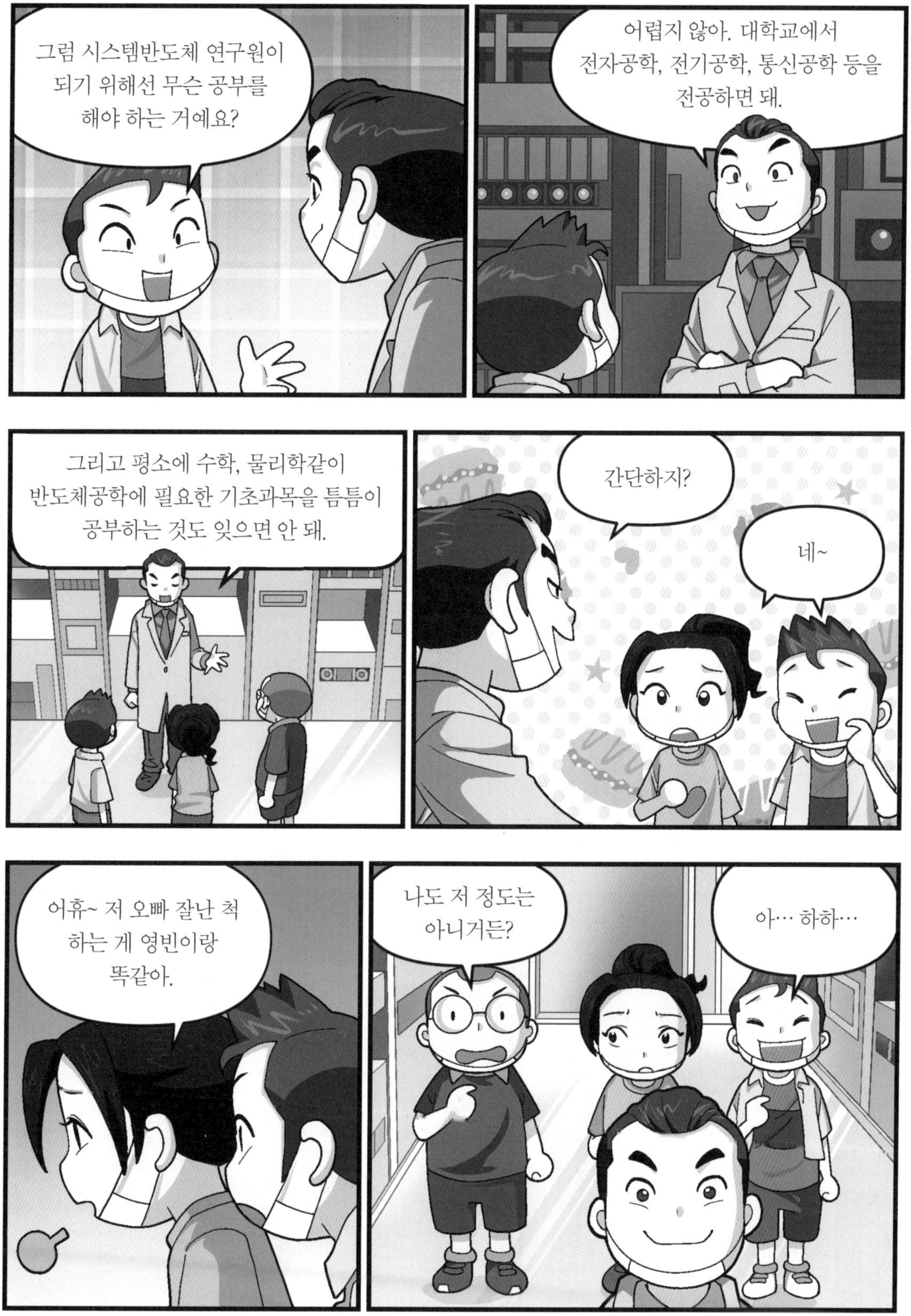
그럼 시스템반도체 연구원이 되기 위해선 무슨 공부를 해야 하는 거예요?
어렵지 않아. 대학교에서 전자공학, 전기공학, 통신공학 등을 전공하면 돼.
그리고 평소에 수학, 물리학같이 반도체공학에 필요한 기초과목을 튼튼이 공부하는 것도 잊으면 안 돼.
간단하지?
네~
어휴~ 저 오빠 잘난 척 하는 게 영빈이랑 똑같아.
나도 저 정도는 아니거든?
아… 하하…

네, 팀장님.

아이들은 잘 배우고 있나요?

삼촌, 일은 잘 해결되고 있어?

하하, 우리는 평소에 열심히 한 만큼 평가 받으면 되니까 너희들은 걱정하지 마.

너희들에게 전해 줄 아주 좋은 소식이 두 가지 있는데, 듣고 싶지 않아?

좋은 소식이요? 뭔데요?

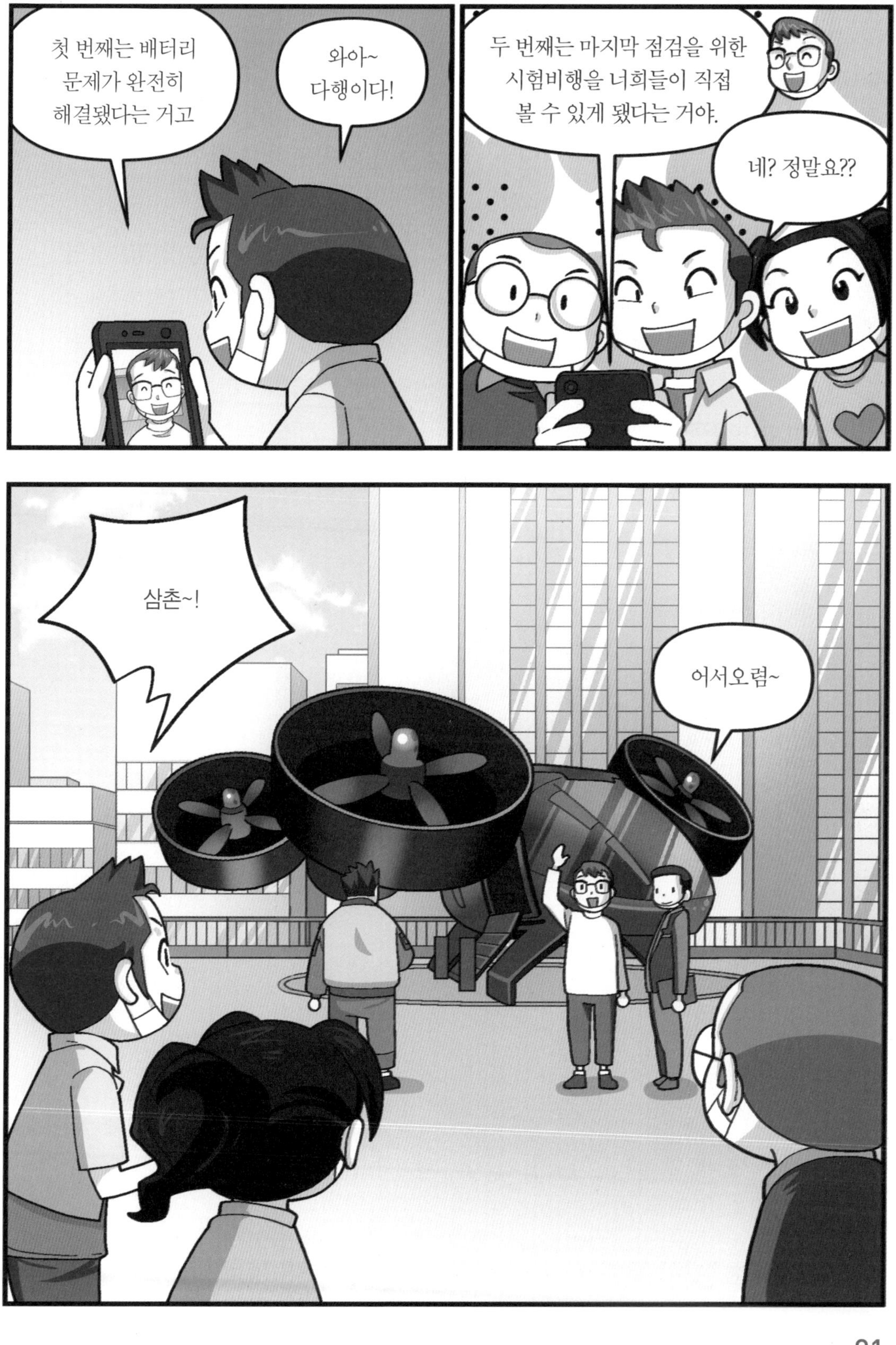
첫 번째는 배터리 문제가 완전히 해결됐다는 거고
와아~ 다행이다!
두 번째는 마지막 점검을 위한 시험비행을 너희들이 직접 볼 수 있게 됐다는 거야.
네? 정말요??
삼촌~!
어서오렴~

# 플라잉카의 장단점

미국의 승차 공유 서비스 회사인 우버는 플라잉카를 활용하면 2시간 거리를 15분 안에 이동할 수 있게 된다고 말했어요. 그리고 하늘길은 지상도로보다 복잡하지 않고 중앙관제소에서 통제하기가 용이해 완전자율주행 자동차보다 더 빨리 상용화가 될 수 있을 것으로 기대하고 있어요. 하지만 인프라나 기술적인 면에서 아직 해결해야 할 문제점이 있어요. 플라잉카의 장단점은 무엇인지 알아볼까요?

● 장점

① 도로뿐만 아니라 하늘에서도 달릴 수 있어서 교통 체증 문제를 해결할 수 있어요.

② 자동차보다 더 빠른 속도로 날아갈 수 있어서 이동 시간이 줄어요.

③ 수직으로 이착륙할 수 있어서 활주로가 필요하지 않아요.

④ 환경 오염 문제를 줄일 수 있어요.

⑤ 비행기를 타지 않아도 해외 국가로 이동하는 것이 가능해져요.

⑥ 빠른 이동 덕분에 도시 집중 현상이 줄어들고 지역 간 인구수의 양극화를 막을 수 있어요.

● 단점

① 대중이 일상적으로 사용할 수 있으려면 합리적인 가격이어야 하지만, 현재는 가격이 너무 비싸요.

② 소음을 일으킬 수 있어 기술적인 보완이 필요해요.

③ 국가마다 상공에서 비행하는 법이 달라 플라잉카를 타고 가면 법적 문제가 발생할 수 있어요. 플라잉카를 위한 세계의 통일된 표준 상공 규범이 필요해요.

④ 상공의 교통 문제를 해결할 방법이 필요해요. 수많은 플라잉카가 하늘에서 날아다닐 경우, 이를 관리할 새로운 법이 필요해요.

⑤ 이착륙이 가능한 전용 정류장이 있어야 해요. 그러기 위해 도시에 추가적인 인프라를 구축해야 해요.

⑥ 거센 바람, 비, 구름, 눈 등 날씨 제약이 많아요.

# 하늘을 나는 택시를 타고

준비됐지?

그럼요!

꾹!

워잉

이제 출발하나 봐.

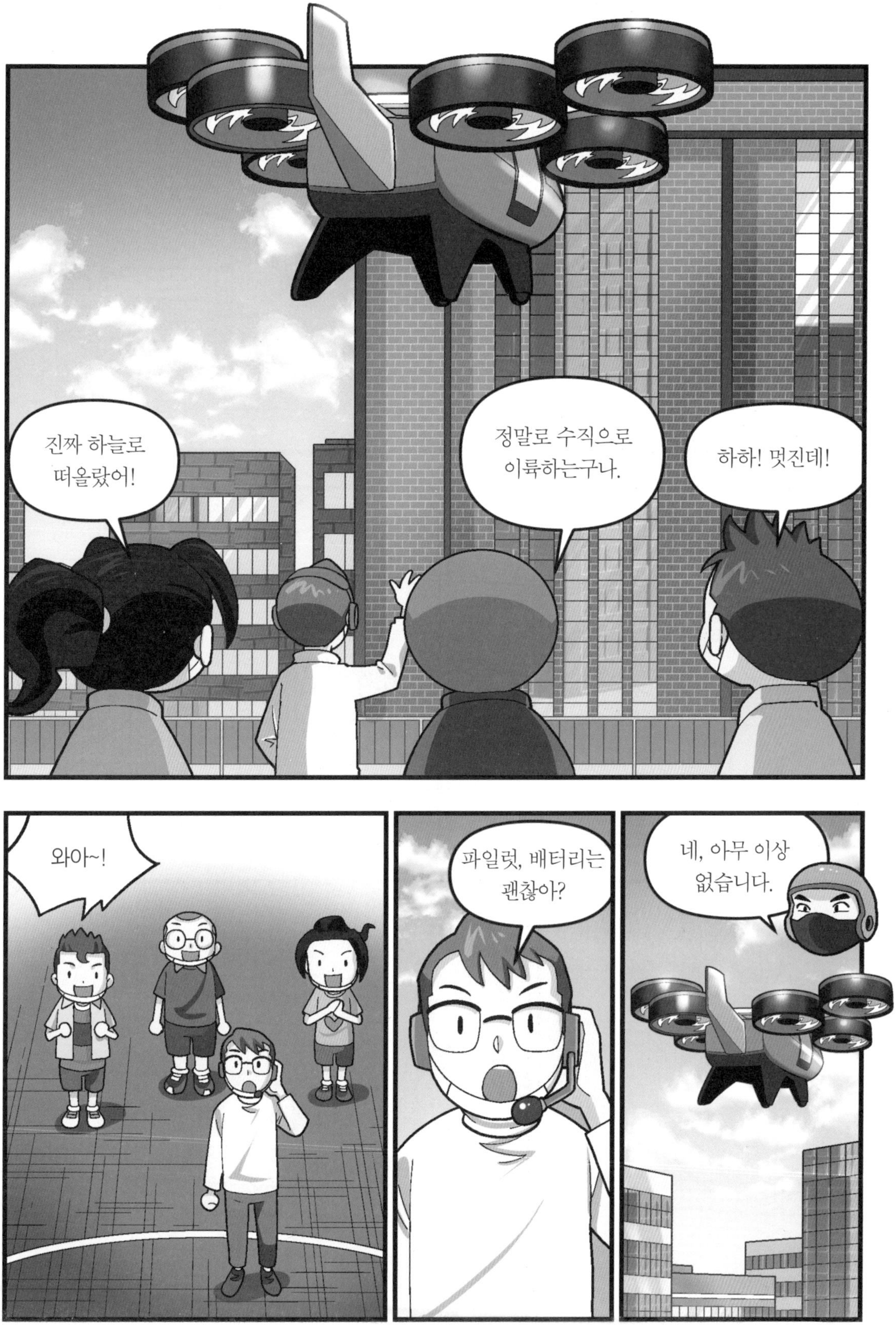
진짜 하늘로 떠올랐어!
정말로 수직으로 이륙하는구나.
하하! 멋진데!
와아~!
파일럿, 배터리는 괜찮아?
네, 아무 이상 없습니다.

어? 그런데 플라잉카에 바퀴가 달려있네?

정말?

난 그 이유를 알지.

응?

플라잉카는 하늘만 날아다니는 게 아니라 땅에서도 운전할 수 있기 때문이야.

맞아. 차체 위에 달린 드론을 분리하면 아래쪽 자동차는 지상에서도 운행할 수 있어.

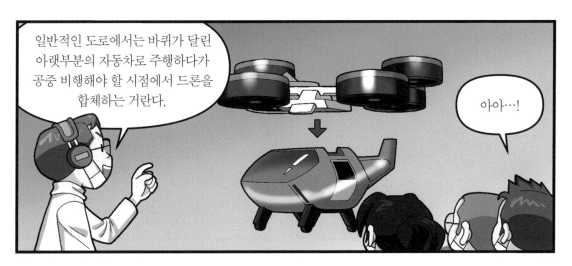

일반적인 도로에서는 바퀴가 달린 아랫부분의 자동차로 주행하다가 공중 비행해야 할 시점에서 드론을 합체하는 거란다.

아아…!

그래서 플라잉카의 조종사는 자동차와 비행기를 모두 운전할 수 있어야 해.

그렇구나~!

예전에 어떤 전쟁영화에서 봤는데, 땅에서 달리던 차가 물속에서도 지상에서처럼 달리더라고요.

그건 수륙 양용차라고 하는데, 주로 군사용 목적으로 발명되었다가 요즘은 일반 사람들이 관광이나 취미로 즐기기도 하고 있어.

아~!

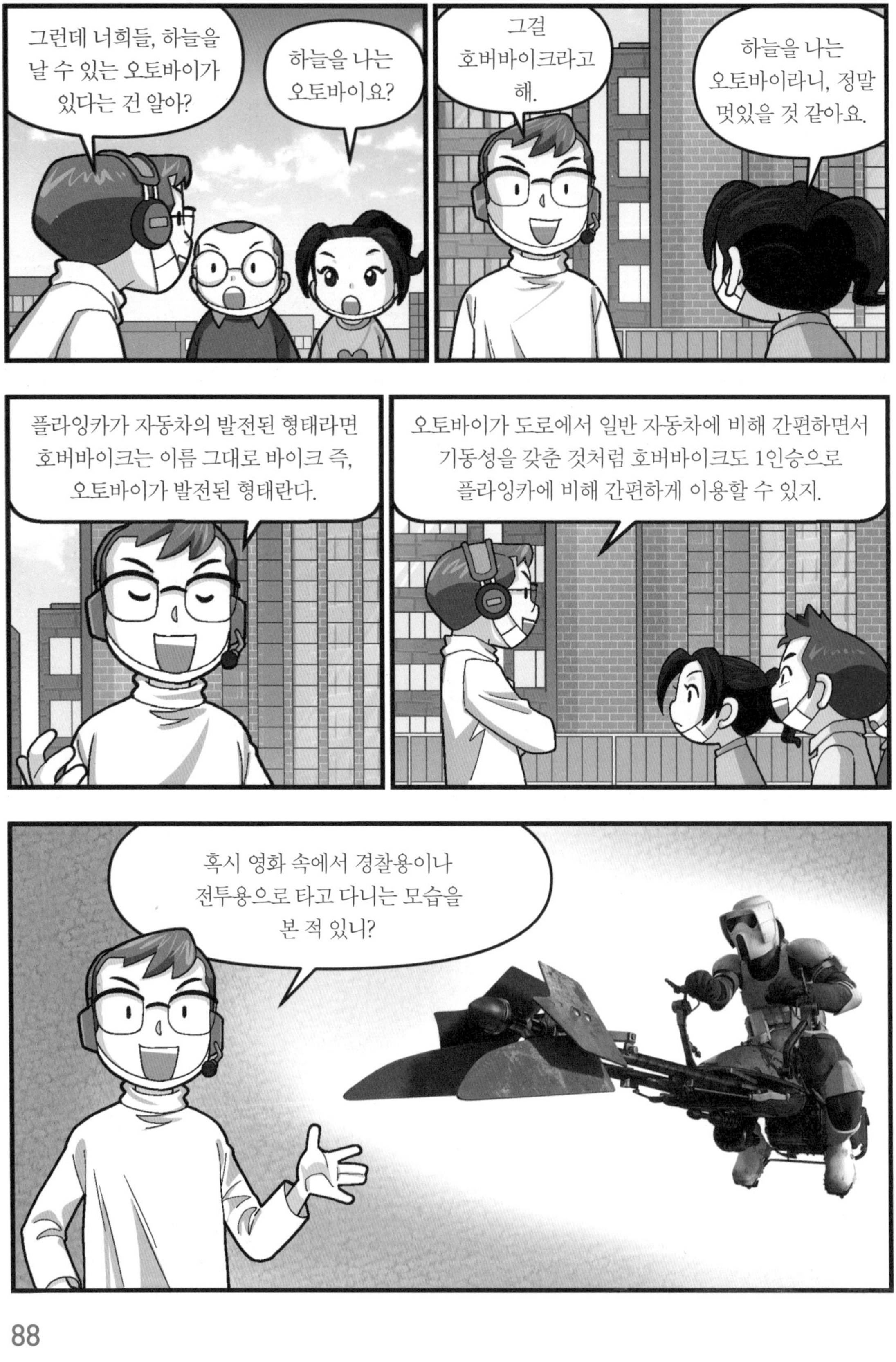
그런데 너희들, 하늘을 날 수 있는 오토바이가 있다는 건 알아?
하늘을 나는 오토바이요?
그걸 호버바이크라고 해.
하늘을 나는 오토바이라니, 정말 멋있을 것 같아요.
플라잉카가 자동차의 발전된 형태라면 호버바이크는 이름 그대로 바이크 즉, 오토바이가 발전된 형태란다.
오토바이가 도로에서 일반 자동차에 비해 간편하면서 기동성을 갖춘 것처럼 호버바이크도 1인승으로 플라잉카에 비해 간편하게 이용할 수 있지.
혹시 영화 속에서 경찰용이나 전투용으로 타고 다니는 모습을 본 적 있니?

전 게임에서 봤어요. 호버바이크 아이템만 있으면 전투에서 승리할 확률이 훨씬 높아지죠.

하하, 그렇겠구나.

그런데 호버바이크를 실제로 경찰에서 사용하고 있는 나라가 있다는 건 몰랐지?

네? 어디예요?

산유국으로 잘 알려진 아랍에미리트(UAE)라는 나라야. 그 나라의 최대도시 두바이에서 2017년에 경찰의 호버바이크 도입을 결정했단다.

우리나라에서도 기술개발에 성공했기 때문에 몇 년 뒤에는 호버바이크를 타는 경찰을 너희들도 실제로 볼 수 있게 될 거야.

와아~! 너무 기대돼요!

## 호버바이크란?

에어바이크의 일종으로, 도로가 없는 험한 지형에서 병력을 이동할 수 있고, 설비나 지원물자를 수송하는 데 사용할 수 있어요. 프로젝트 관계자들은 호버바이크가 최종적으로는 헬리콥터가 현재 맡고 있는 기능 대부분을 대체할 수 있을 것이라고 평가해요. 제작과 운행에 드는 비용이 더 저렴하고 크기도 더 작기 때문이에요.

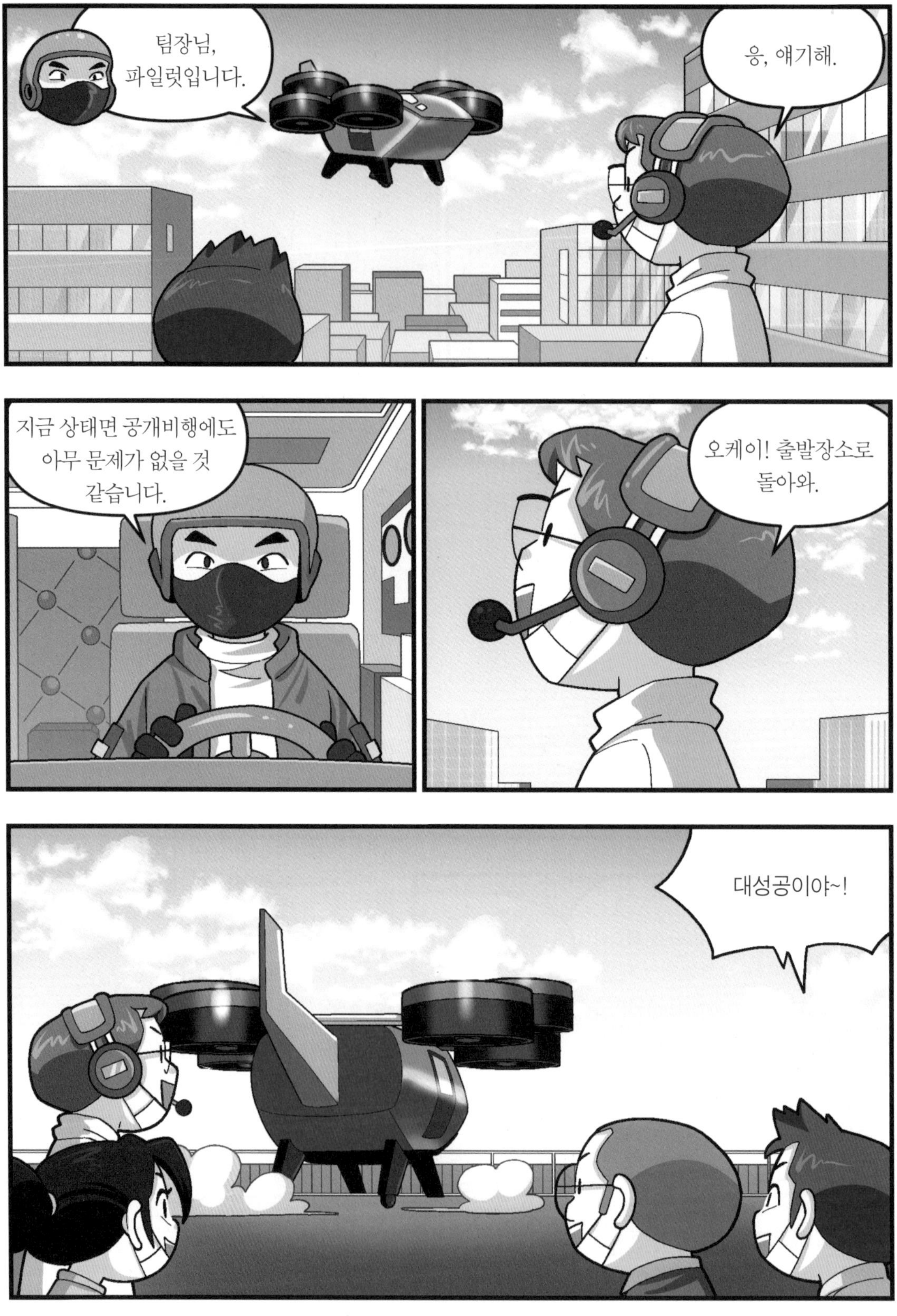
팀장님,
파일럿입니다.
응, 얘기해.
지금 상태면 공개비행에도
아무 문제가 없을 것
같습니다.
오케이! 출발장소로
돌아와.
대성공이야~!

수고했어.

조종사님 너무 멋져!

어? 아까 우리한테 전시관을 안내해 줬던 형 아니야?

맞아. 정식으로 다시 소개할게. 이쪽은 우리 플라잉카의 조종사인 김정우 파일럿이야.

다시 한번 반갑다, 얘들아.

우와! 플라잉카 조종사셨어!

## 플라잉카 조종사

자율주행 기술을 적용한 미래 자동차인 플라잉카를 운전하는 사람을 플라잉카 조종사(Pilot)라고 해요. 자율주행 기술이 적용되었다고 해서 누구나 조종이 가능한 것은 아니에요. 플라잉카 조종사는 일반 운전자와 마찬가지로 면허와 같은 자격증이 필요해요.

공군 비행사나 공군사관학교, 항공 운항학과 등을 거쳐 비행 자격증을 취득한 후 플라잉카의 시험 비행과 연구 개발에 동참하고 나아가 상용화된 플라잉카의 조종사로 활약할 수 있어요. 플라잉카 조종사는 극한의 상황에서도 정확한 판단을 내릴 수 있어야 하기 때문에 이를 뒷받침 해 줄 정신 력과 체력이 꼭 필요해요.

정우 아저씨는 어떻게
플라잉카 조종사가
되신 거예요?

응?

이 녀석들 호기심
많은 거 알지? 단단히
각오하라고~!

하하~ 네.

플라잉카 조종사가
되기 위해선 자동차 운전면허와
함께 비행 자격증도 있어야
한다는 건 알고 있지?

네.

자동차 면허증은 일반적인 과정을 거치면
되지만, 비행 자격증을 따는 과정은 상당히
오래 걸리고 힘들어.

우리나라에서 비행 자격증을
따는 방법은 크게 세 가지로
나뉘어.

첫 번째로는 공군사관학교에 입학해서 공부하는 것이고

두번째는 항공운항학과에 입학해서 공부하는 거야.

세 번째는 공군에 장교로 입대해서 조종 특기를 부여받는 거야.

비행기 조종을 배운 뒤에도 민간의 여객기를 몰기 위해서는 최소 1,000시간의 비행 기록을 채워야 해.

헉! 1,000시간이나요?

비행기록뿐만 아니라 엄격한 체력훈련을 거쳐서 튼튼한 몸을 유지하는 것도 필수야.

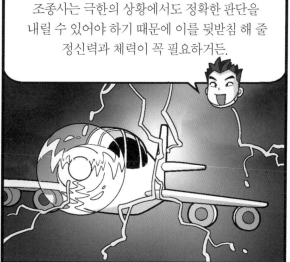

조종사는 극한의 상황에서도 정확한 판단을 내릴 수 있어야 하기 때문에 이를 뒷받침 해 줄 정신력과 체력이 꼭 필요하거든.

와, 정우 아저씨 대단하시다!

마지막 방법은 민간의 비행학교를 졸업하는 거야.

일반인이 다닐 수 있는 비행학교가 있어요?

응, 그런데 앞의 방법들에 비해서 비용이 몇 배로 많이 들기 때문에 선택하기가 쉽지는 않아.

최근에는 우리나라보다 비용이 싼 미국이나 캐나다, 호주같은 나라의 비행학교에 입학하는 사람들도 있는데

유학기간 중 체류비용이 만만치 않지만, 이 경우에는 해외기업에 취업하기 쉽다는 장점이 있어.

다양한 방법이 있어서 좋네요.

그러게!

플라잉카 조종사가 되면 현재 연구 중인 플라잉카의 테스트 운전은 물론

개발과정에도 함께 참여하게 되고

플라잉카 상용화 후에는 조종사로 활약하게 된단다.

와아, 너무 멋있어요!

어서 빨리 플라잉카가 상용화돼서 저도 프라잉카를 운전할 수 있게 되면 좋겠어요.

상용화가 돼도 솔이 넌 비행 자격증이 없어서 운전은 못할 걸?

아까 자율주행 얘기 못 들었어?

난 플라잉카가 운전해 주는 대로 편안하게 타고만 있을 거야.

하하, 솔이가 어른이 된 후에는 그렇게 될 거야.

2025년에 플라잉카가 상용화 될 거라고 하셨잖아요. 근데 왜 어른이 될 때까지 기다려야 해요?

호버바이크처럼 플라잉카도 사람들에게 꼭 필요한 분야부터 적용되고 있어서 일반인이 자가용으로 쓸 수 있을 때까지는 시간이 좀더 걸릴 거야.

아까 말한 경찰이나 병원 등 빠른 이송이 필요한 분야가 우선인 거지?

맞아. 그래서 우리 회사도 대중교통 수단인 택시를 개발한 거야.

그럼 여기서 퀴즈!

우리 회사가 플라잉택시를 개발한 이유가 뭘까?

뭔가 다른 이유가 있을 것 같은데…

힌트 좀 줘, 삼촌.

음… 멋있어서?

플라잉카의 속도가 일반 자동차보다 빠르다는 걸 생각해 봐.

일반 자동차로 2시간 걸리는 거리를 플라잉카는 15분이면 갈 수 있어.

15분이요?!

빠른 속도를 이용해서 교통혼잡을 해결하려는 거예요?

빙고!

현재까지 우리는 복잡한 도로에서 일어나는 교통 정체를 지하철이나 버스 등 대중교통을 이용해서 완화하고 있어.

하지만 자동차가 너무 많기 때문에 도심에서의 교통 체증은 피할 수 없는 일상이 되어버렸지.

그런데 대중교통을 도로가 아닌 하늘에서 운행한다면?

헉!

아빠가 출근 시간에 늦는 일도 없어지겠어요!

출근 지옥도 사라지겠어요!

그렇지!

게다가 우리 플라잉택시가 자율주행 기능까지 완전하게 갖추게 되면 사람이 아닌 인공지능이 운전을 하게 되면서 음주운전, 난폭운전, 뺑소니 같은 교통 범죄도 완전히 사라지게 되겠지?

좋은 점이 이렇게나 많다니, 빨리 그런 날이 왔으면 좋겠다.

그리고 또 다른 장점은 도시 간 이동이 훨씬 쉬워진다는 거야. 그렇게 되면 인구의 도시집중 문제도 자연히 해결될 수 있겠지.

이렇게 좋은 점이 많은데 기다리기가 너무 힘들어요!

하하… 아까도 얘기했지만, 아직 해결해야 할 문제가 많아서…

응?

아! 저기, 가장 큰 문제 중 하나를 해결하고 계신 분이 오셨구나.

곽 팀장님~!

이분은 정부부처에서 플라잉카의 교통관리시스템을 만들고 계시는 이영호 실장님이셔.

반갑다, 애들아.

안녕하세요~!

그러면 아저씨가 플라잉카의 교통을 책임지고 계신 거예요?

하하, 맞아. 이 시스템을 도심항공교통(UAM)이라고 부르는데, 안전 확보를 위한 합리적인 제도 설정이 가장 중요해.

역시 안전이 중요하죠.

그만큼 신경 써야 하는 일이 아주 많단다.

실시간 교통관제시스템과 접속할 수 있는 통신환경, 원활한 교통 흐름을
위해 비행고도와 실시간 운항 대수, 출발 후 도착할 때까지의 간격,
플라잉택시의 경우 환승 방식을 결정하는 것들도 모두 여기에
속하는 일이야.

공항 관제탑에서
하는 일이랑 비슷한 것
같아요.

그렇게도
볼 수 있지.

플라잉카의 경우에는 모든 비행이 도심 한복판에서 일어나고 운행 대수도 비행기에 비해 훨씬 많아질 거라서 자동차 교통시스템 만큼이나 복잡한 시스템 설계가 필요해.

나는 그 시스템을 설계하고 관리하는 스마트카 교통 체계관리자란다.

스마트카 교통체계관리자? 그것도 플라잉카랑 관련이 있는 직업이에요?

그럼~! 플라잉카도 미래 스마트카의 일종이거든.

아하…!

## 스마트카 교통체계관리자

교통정보를 수집하기 위한 GPS 추적, 차량감지기, CCTV, 무선통신기술 등의 필요한 센서와 기기를 설계·개발하고 이를 활용해요. 또한 다양한 경로를 통해 수집된 교통정보 데이터들을 국가교통정보센터에서 처리하고, 효과적인 가공법을 연구 개발해요. 그리고 실시간 교통정보 제공, 최적의 경로안내 등 처리된 데이터를 수요자에게 전달하는 역할을 수행하고, 실시간 교통제어에 필요한 방법을 연구 개발하기도 해요. 이 외에도 새로운 교통시설물과 신호체계를 시공할 때 기술자문을 담당해요.

스마트카 교통체계관리자는 지상의 스마트도로를 직접 설계, 시공하고 신호를 설치하는 현장 전문가들과 협업해서 현실적인 교통체계를 만들어.

스마트도로? 그건 뭐예요?

플라잉카가 수소전지 배터리로 움직이는 건 알지?

네, 알아요.

그럼 수소전지배터리의 충전을 보다 쉽게 하려면 어떻게 해야 할까?

지금보다 충전소를 더 많이 만들어야 한다고 들었어요.

잘 알고 있구나.

그런데 충전소에 가지 않고 달리기만 해도 자동으로 충전이 되는 도로가 있다면 어떨까?

네?! 그런 게 있어요?

이걸 무선충전도로 즉, 스마트도로라고 불러.

스마트카 교통체계관리자들이 지상과 하늘길을 달리는 미래형 스마트카들이 안전하고 편리하게 운행하는 데 필요한 새로운 도로나 신호체계 등을 계산하고 종합적으로 지능형교통시스템(ITS, Intelligent Transport System)을 설계하고 있어.

와아~!

또한 자동차와 도로교통시스템 사이를 조정해서 관제시스템과 스마트센서 및 통신 등 개별 기술들이 제 역할을 할 수 있도록 광범위한 시스템을 통합하고 확장하는 일도 담당하고 있지.

그럼 스마트카 교통체계관리자가 되려면 어떻게 해야 하나요?

지능형교통시스템을 만들기 위해서는 전기·전자공학, 교통공학, 통신공학 등의 지식이 필요해.

최근에는 지능형교통시스템 전문대학원이 설립되어서 많은 전문가들을 배출하고 있단다.

그렇구나~!

똑똑

너희들 이 실장님 말씀 열심히 들었어?

그럼요~!

오랜만에 저도 즐거웠습니다.

그럼 일주일 후 공개시험비행에서 뵙겠습니다.

예.

오늘 만나서 반가웠다, 애들아.

저희도요!

안녕히 가세요.

# 다양한 스마트카

우리나라 정부는 '2030 미래차 산업 발전 전략'을 발표했어요. 이 전략에는 2030년까지 친환경 자동차 생산 비중과 세계시장 점유율을 대폭 증가시키고, 2027년에는 레벨4 수준의 자율주행 자동차를 상용화한다는 목표가 포함됐어요. 미래자동차로 주목받고 있는 스마트카는 어떤 기능을 가진 종류의 자동차인지 알아볼까요?

● 커넥티드카

정보통신기술(ICT)과 결합해 양방향 인터넷, 모바일 서비스가 가능한 차량을 말해요. 즉, 스마트키를 이용해 원격 조정으로 시동을 걸거나 스마트폰 앱을 통해 자동차의 전자제어장치와 연결해서 차의 정보를 확인하고 이상이 있는지 점검할 수도 있는데요. 여기에 신호체계와 자동차가 정보를 주고받고 그 정보를 다시 자동차와 자동차가 주고받는 기능이 더해진 것이 커넥티드카예요. 스마트키와 연동된 차는 이미 우리 주위에서 쉽게 찾아볼 수 있어요. 자동차 간 정보를 주고받는 기능도 멀지 않은 시대에 구현될 것으로 기대하고 있어요.

● 그린카

기존의 내연기관보다 대기오염 물질이나 이산화탄소 배출이 적고 연비가 우수한 자동차를 의미해요. 친환경 자동차라고도 불리며, 대기오염 물질과 온실가스 배출이 적어 친환경적인 저공해 혹은 무공해 자동차를 가리켜요. 대표적으로 수소차나 전기차가 있고, 하이브리드 자동차, 연료전지 자동차, 천연가스 자동차, 태양광 자동차 등이 포함돼요. 나날이 심각해지는 기후변화에 대응하기 위해 선진국을 중심으로 성장하고 있는 산업 분야예요. 우리나라도 2000년 친환경차 보급 정책을 실시했고, 현재도 친환경 자동차 개발에 힘을 쏟고 있어요.

● 자율주행차

운전자가 자동차를 조작하지 않아도 스스로 움직이는 자동차를 뜻해요. 자율주
행차는 영화에도 자주 등장할 만큼 사람들의 관심이 높은 미래자동차인데요.
운전자가 말하는 대로 방향을 바꾸거나, 속도를 줄일 수 있어요. 자율주행차가
개발되려면 주변 사물을 인식할 수 있는 첨단 센서와 성능 높은 그래픽 처리 장
치가 있어야 해요. 첨단 센서는 사물과의 거리를 측정하여 위험을 감지하고 사
각지대 없이 모든 지역을 자동차가 보고 운전할 수 있도록 도와요. 그래픽 처리
장치는 여러 대의 카메라를 통해 주변 환경을 파악하고 그 이미지를 분석해서
자동차가 안전하게 갈 수 있도록 해요.

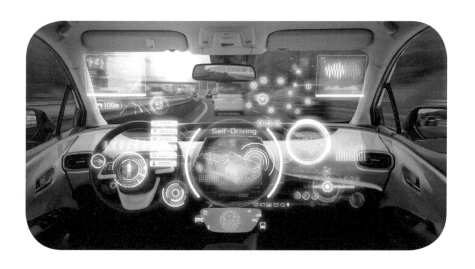

# 꿈을 현실로 만드는 사람들

자, 이번에는 너희들에게 재밌는 그림 하나를 보여줄까 하는데~!

무슨 그림인데?

EN L'AN 2000

AERO-CABS

ASCENSEURS

너희들 보기에 이게 무슨 그림 같아?

옛날 시대인 것 같은데?

기차 같은 건가?

그런데 옆에 비행기 그림이 있잖아.

이 그림은 1899년에 장 마르크 쿠타라는 프랑스 사람이 그렸는데, 제목이 'Aero-cab station', 즉 '에어택시* 승강장'이야.

에어택시??!

*에어택시(Air Taxi): 전세로 승객 및 화물을 나르는 비행기

그런데 재밌는 건 이 그림이 그려진 게 라이트 형제가 비행기를 발명하기 4년 전이라는 거야.

와, 비행기가 발명되기도 전에 하늘을 나는 택시를 상상했다는 거네?

그렇지.

사람들의 상상력이란 게 정말 대단하지?

네~!

더 대단한 건 플라잉카를 운행하기 위해서는 실제로도 이런 환승장이 필요하다는 거야.

플라잉카 환승장이 설마 이 그림처럼 생긴 건 아니겠지?

하하, 그럴 리가.

미래의 플라잉카 환승장은 사람을 태우는 역할에만 그치지 않거든.

그럼 다른 역할도 하는 거야?

맞아. 현재 개발되고 있는 승객 탑승용 플라잉카는 우리 회사에서 만든 플라잉택시처럼 드론형이 많은데

드론

객차

가까운 거리는 전기차인 객차로 이동하고 먼 거리는 환승장에서 드론과 결합한 후에 하늘에서 이동하게 돼.

아하!

수소배터리로 가는 객차의 상용화를 위해서 자동 충전이 되는 스마트도로가 확대될 거라는 얘기는 이 실장님께 들었지?

네!

새로 지어질 플라잉카 환승장은 승강장과 충전소가 결합한 형태로 구상되고 있어.

UPMV

이렇게 만들어진 환승장은 또 다른 기능도 하게 되는데

이착륙장이 많지 않았던 기존의 헬리콥터가 함께 이용할 수도 있고

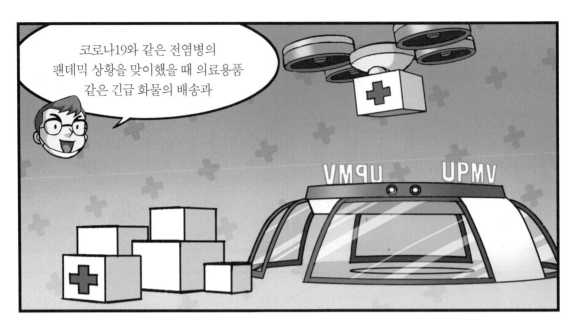

## 플라잉카 충전소를 겸한 환승장

수소전지 자동차의 충전 인프라와 연계되어 도시 곳곳의 하늘길과 지상길을 누비는 플라잉카에 전기 에너지를 공급하고 승객들의 탑승, 환승을 책임지게 돼요. 플라잉카의 상용화와 함께 운행에 있어 중요한 역할을 하기에 반드시 필요해요.

플라잉카 환승장에서 정말 많은 일을 할 수가 있네.

그렇지?

새로운 개념으로 지어지는 만큼 최대한의 효율을 고려해서 설계하고 있어.

여러 기능을 함께 수행하는 만큼 환승장을 이용하는 개별 플라잉카와

교통을 관리하는 통제센터, 여타의 정보를 한꺼번에 주고 받아야 하기 때문에

보다 많은 정보량을 최대한 빠른 속도로 처리하는 통신기술이 필요한데

이 기술이 6G 통신이야.

6G?

지금 우리가 사용하고 있는 기술이 LTE랑 5G 아닌가요?

그건 스마트폰이랑 인터넷에서 쓰는 거잖아.

맨날 잘난 척만 하더니 어떻게 스마트폰이랑 플라잉카 환승장을 비교해?

그런가…?

하하~ 정보량의 차이일 뿐이지 기본적으로 통신기술은 같은 걸 사용한단다.

네? 저… 정말요?

현재 LTE나 5G 같은 이동통신기술을 통해 스마트폰끼리 교신이 가능한 것처럼, 도심항공교통 간의 모든 통신도 같은 기술이 이용돼.

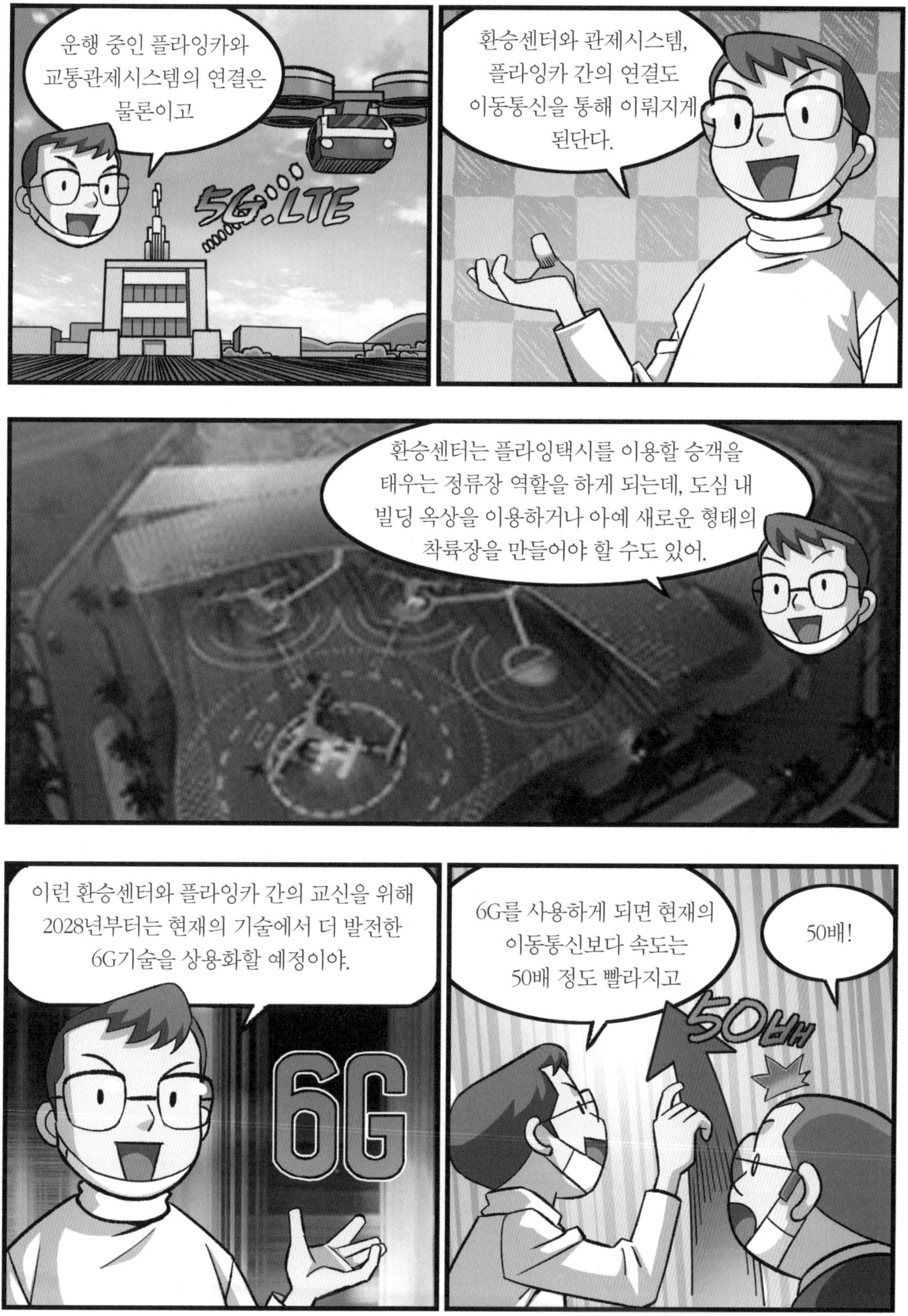
운행 중인 플라잉카와 교통관제시스템의 연결은 물론이고
5G.LTE
환승센터와 관제시스템, 플라잉카 간의 연결도 이동통신을 통해 이뤄지게 된단다.
환승센터는 플라잉택시를 이용할 승객을 태우는 정류장 역할을 하게 되는데, 도심 내 빌딩 옥상을 이용하거나 아예 새로운 형태의 착륙장을 만들어야 할 수도 있어.
이런 환승센터와 플라잉카 간의 교신을 위해 2028년부터는 현재의 기술에서 더 발전한 6G기술을 상용화할 예정이야.
6G
6G를 사용하게 되면 현재의 이동통신보다 속도는 50배 정도 빨라지고
50배
50배!

동시전송 할 수 있는 정보량 또한 늘어나기 때문에 모바일 홀로그램을 구현하고 디지털 복제도 가능하게 돼.

모바일 홀로그램을 사용하면 우리가 영화에서 보던 것처럼 모니터 화면을 자유자재로 활용할 수 있게 되고

도시, 제품, 공장, 건물 등을 디지털로 복제해서 각종 재난에 대응할 수 있는 자유로운 시뮬레이션도 가능해질 전망이야.

와! 이런 기술들도 플라잉카에 활용이 된다고?

물론이지.

물론 초기에는 '빠른 속도'라는 점이 가장 많이 활용되겠지만, 상상하기에 따라 무궁무진한 쓰임새가 생길 수 있을 거야.

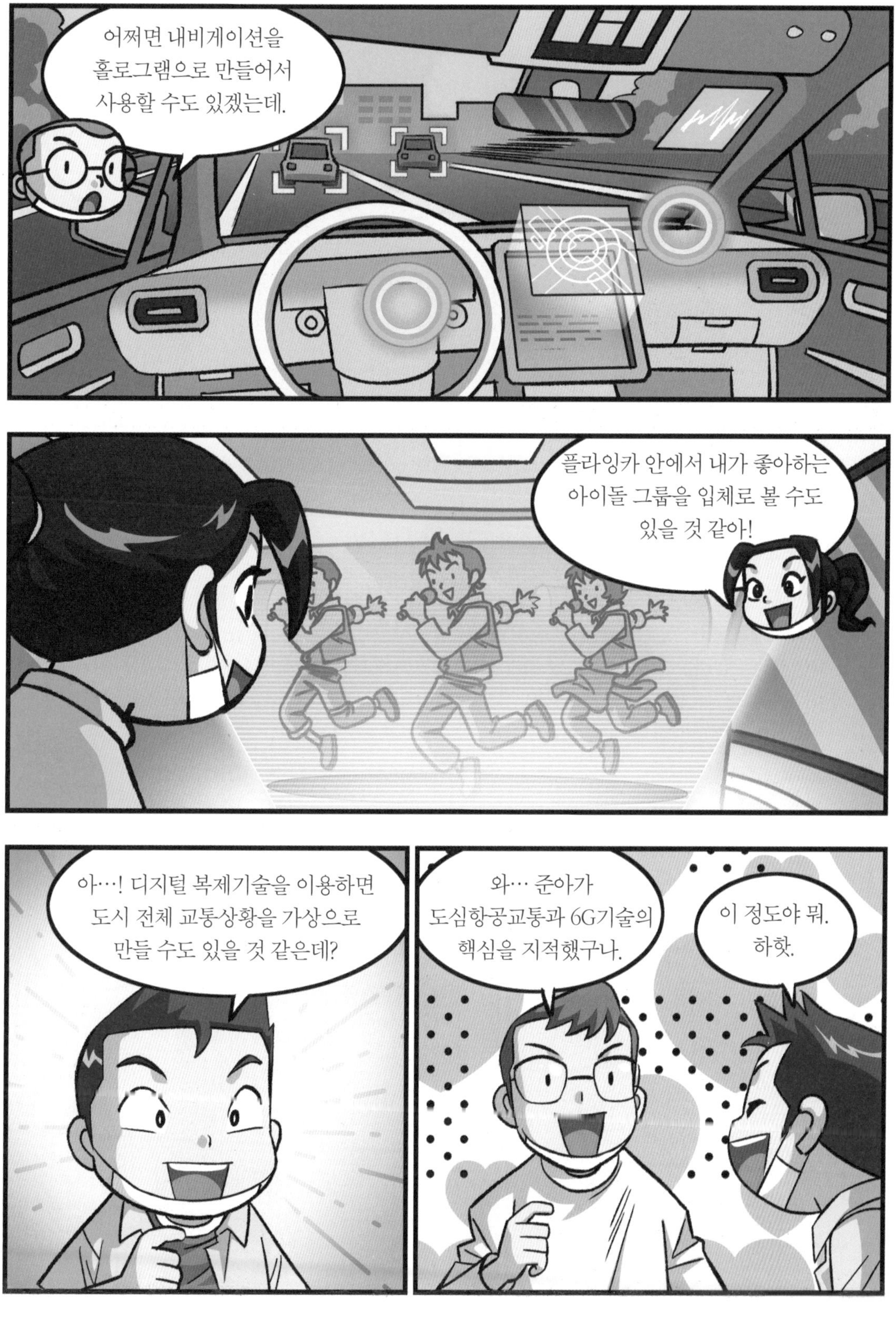
어쩌면 내비게이션을 홀로그램으로 만들어서 사용할 수도 있겠는데.
플라잉카 안에서 내가 좋아하는 아이돌 그룹을 입체로 볼 수도 있을 것 같아!
아…! 디지털 복제기술을 이용하면 도시 전체 교통상황을 가상으로 만들 수도 있을 것 같은데?
와… 준아가 도심항공교통과 6G기술의 핵심을 지적했구나.
이 정도야 뭐. 하핫.

일명 '디지털 트윈 도시'라고 불리는 계획인데,
이걸 교통통제시스템과 결합하면 보다 효율적이고
안전한 플라잉카 교통통제가 가능해지도록
활용할 수 있을 거야.

와아~!

## 디지털 트윈 도시

작지만 부유한 도시국가, 싱가포르는 지난 2018년 약 3년에 걸친 대규모 국토 가상화 프로젝트 '버추얼 싱가포르(Virtual Singapore)'를 성공적으로 마무리했어요. 버추얼 싱가포르는 싱가포르 전역에 존재하는 모든 건물과 도로, 구조물, 인구, 날씨 등 실제 도시를 구성하는 각종 유무형의 데이터를 3D 가상환경에 실제세계와 거의 유사한 조건으로 구현한 디지털 속 가상 싱가포르예요.

이런 상상들을 현실화하기 위해서
우리나라는 정부와 이동통신 회사, 자동차,
건설 회사는 물론

KAI
이동통신
회사
정부
자동차
회사
건설
회사

인천국제공항공사와
한국항공우주산업 같은
많은 기관이 협력사업을
벌이고 있어.

아…!

그리고 이 기술들이 적용될 환승시스템을 만들기 위해

환승시스템 주변 환경과 항공 노선, 보행자 및 차량 통행에 미치는 영향, 주차, 에너지 요구 사항, 소방 접근성 등 다양한 요인을 종합적으로 검토 중이야.

그 모든 걸 다 점검하는 게 플라잉카 개발자의 일인 거죠?

그렇지.

역시… 아무리 생각해도 플라잉카 개발자가 제일 멋진 것 같아요.

하하!

솔이가 칭찬해주는 게 기분이 좋기는 한데, 이런 모든 장비들을 가능하게 해 주는 신소재가 없다면 플라잉카는 만들어질 수 없어.

신소재? 그건 뭐예요?

그럼 다음 차례로 우리 회사의 핵심부서 중 하나인 신소재 개발실로 가볼까?

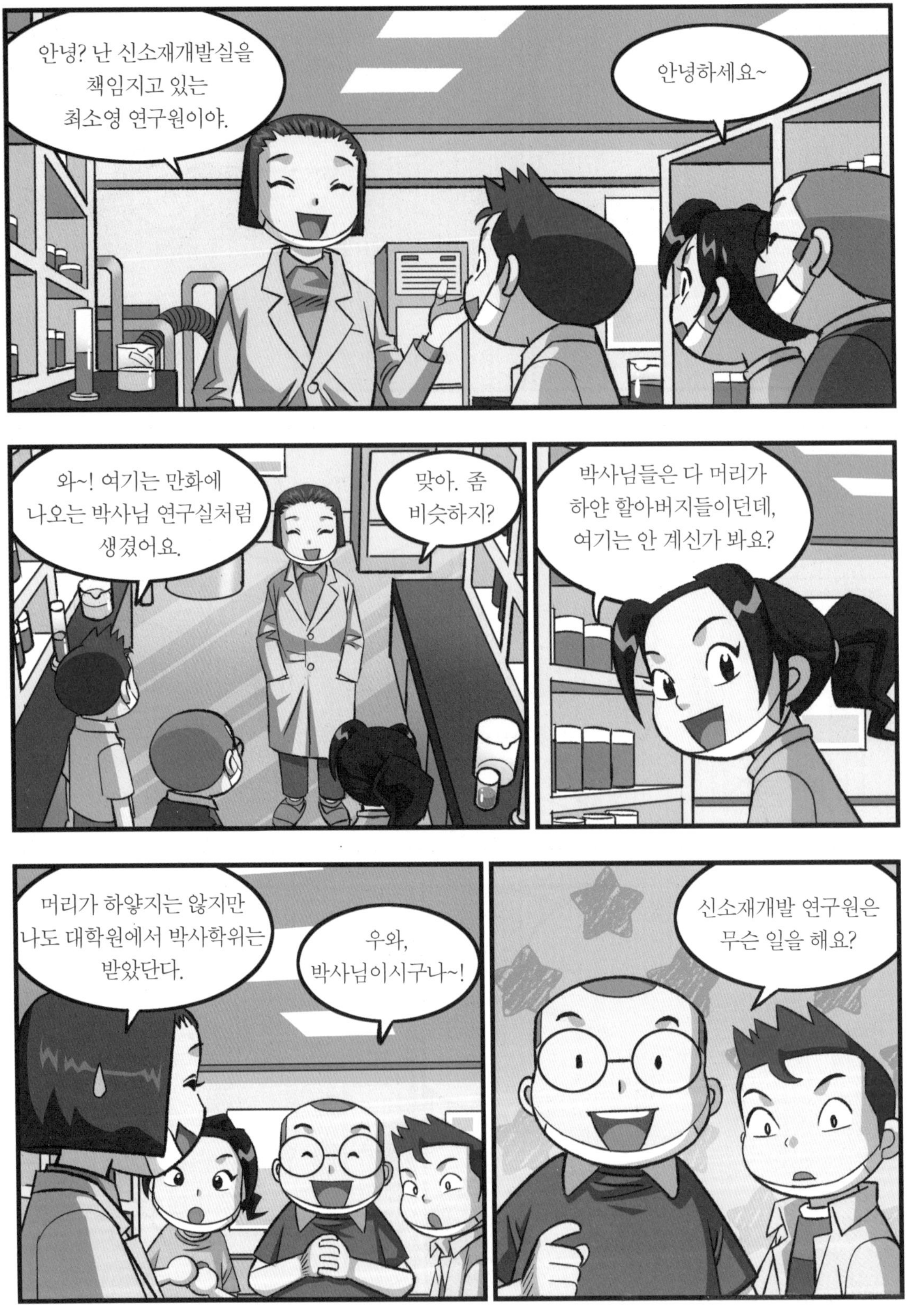

안녕? 난 신소재개발실을 책임지고 있는 최소영 연구원이야.
안녕하세요~
와~! 여기는 만화에 나오는 박사님 연구실처럼 생겼어요.
맞아. 좀 비슷하지?
박사님들은 다 머리가 하얀 할아버지들이던데, 여기는 안 계신가 봐요?
머리가 하얗지는 않지만 나도 대학원에서 박사학위는 받았단다.
우와, 박사님이시구나~!
신소재개발 연구원은 무슨 일을 해요?

신소재개발 연구원은 반도체와 광통신, 의료를 위한 생체재료,
나노공학은 물론 우주항공과 교통수단 등에 필요한
새로운 소재를 연구하고 개발해.

나노공학

우주항공

반도체

생체재료

신소재공학

광통신

운송기계

# 신소재개발 연구원(공학자)

인류의 삶에 필요한 재료를 발견하고 연구하는 재료공학 기술자로 산업을 발전시키는 데 필요한
새로운 소재를 개발하는 첨단 기술 전문가예요. 로켓이나 방탄복, 우주선 등의 특수 상황뿐 아니
라 질 찢이지지 않는 수영복, 깨지지 않는 헬멧, 얇고 휘어지는 휴대폰 등 일상생활에 유용하게 쓰
이는 물품까지 우리 생활에 필요한 새로운 소재를 연구 개발해요. 신소재공학 연구도 기발된 상품
의 생산 가치가 높은 만큼 각 기업이나 국가 차원에서도 신소재 개발에 박차를 가하고 있으므로
신소재개발 연구원은 미래 전망이 매우 밝은 직업이에요.

그럼 누나는 교통수단 중에서 플라잉카에 필요한 신소재를 연구하는 거네요?

그렇지.

그런데 오늘 여기서 여러 연구실을 다녀왔거든요. 거기서도 다 뭘 만든다고 했는데, 신소재는 그거랑 또 어떻게 다른 거예요?

다른 연구실에서 플라잉카의 '부품'을 만든다면 여기서는 부품을 만드는 '재료'를 연구하고 개발하고 있어.

으응?

쉽게 예를 들어볼까?

조종사가 플라잉카를 조종하려면 조종석 의자에 앉게 되지?

일반적인 자동차의 운전석이라면 앉았을 때 좀더 푹신하다거나 커버의 색이 마음에 든다거나, 그런 걸 따지겠지?

네.

하지만 안정성을 최대한 높여야 하는 플라잉카라면 어떨까?

하늘을 날아야 하니까 최대한 가벼워야 할 것 같아요.

맞아요. 무게를 최대한 낮춰야 잘 날 테니까요.

게다가 웬만한 사고에도 끄떡없도록 튼튼하고 불에도 잘 타지 않게 만들어야겠죠?

모두 맞았어. 그래서 신소재개발실에서는 플라잉카의 조종석이 아니라 그걸 만드는 재료 즉, 보다 더 가볍고 안전한 최첨단의 소재를 연구하는 거야.

배터리나 시스템 장치들도 마찬가지.

나는 배터리 자체가 아니라 그걸 구성하는 재료를 연구하고 운행시스템을 만드는 나노소재를 개발하고 있어.

그러기 위해서 끊임없이 기존에 있는 물질들을 연구하고 실험해서 지금까지보다 나은 신소재를 개발하는 거야.

와아~!

그러려면 끊임없이 실험하고 결과를 기록하고 연구해야겠네요.

그렇지.

난 잘 때도 실험하는 꿈을 꿀 정도야.

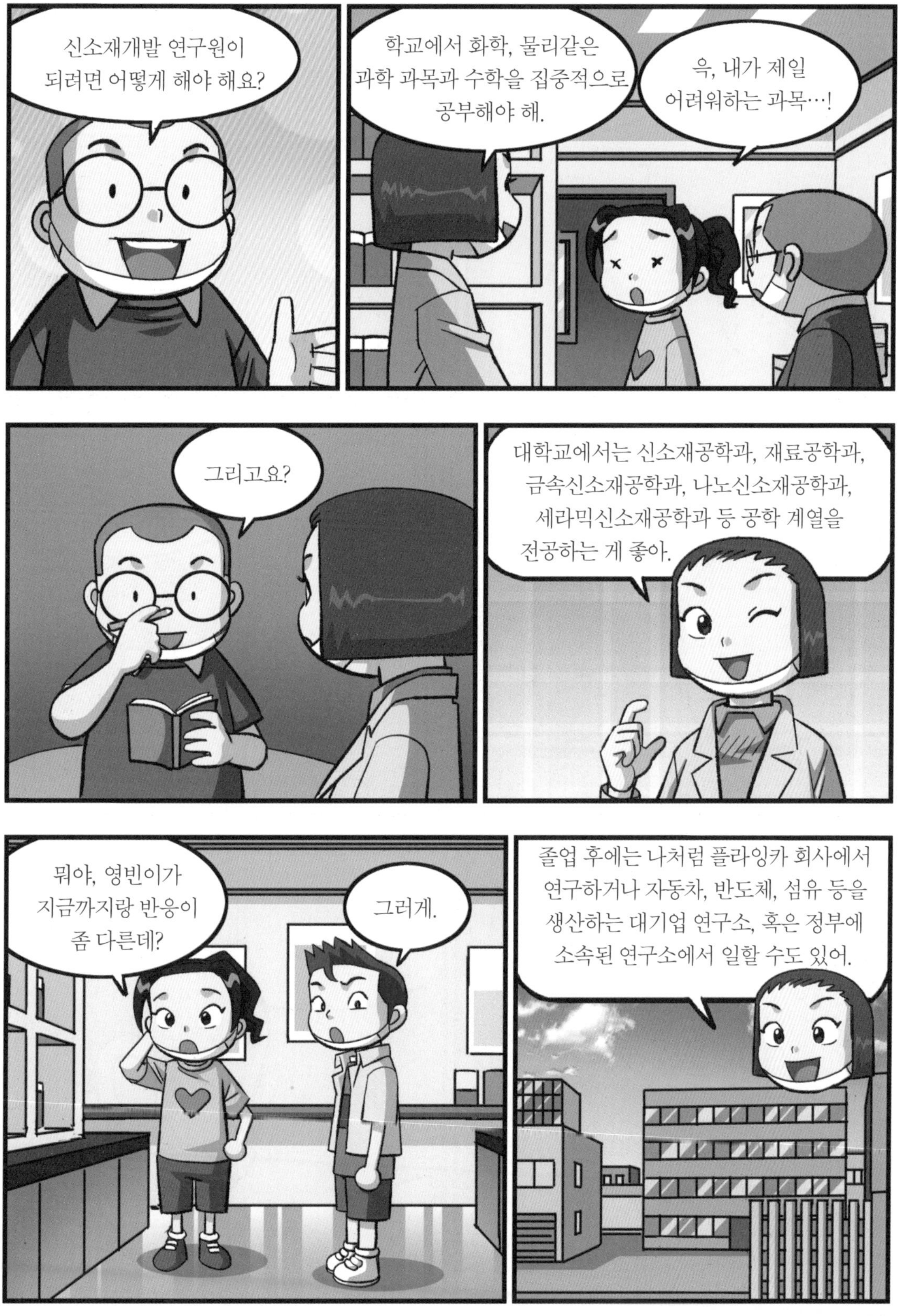
신소재개발 연구원이 되려면 어떻게 해야 해요?
학교에서 화학, 물리같은 과학 과목과 수학을 집중적으로 공부해야 해.
윽, 내가 제일 어려워하는 과목…!
그리고요?
대학교에서는 신소재공학과, 재료공학과, 금속신소재공학과, 나노신소재공학과, 세라믹신소재공학과 등 공학 계열을 전공하는 게 좋아.
뭐야, 영빈이가 지금까지랑 반응이 좀 다른데?
그러게.
졸업 후에는 나처럼 플라잉카 회사에서 연구하거나 자동차, 반도체, 섬유 등을 생산하는 대기업 연구소, 혹은 정부에 소속된 연구소에서 일할 수도 있어.

그럼 혹시 초등학생에게 도움이 될 만한 책은 없나요?

당연히 있지~! 내가 추천해 줄 테니까 읽어볼래?

오, 영빈이가 신소재개발 연구원에 관심이 생겼나 봐.

그러게. 어려운 공부를 많이 해야 할 텐데…

좋았어! 집에 가면 당장 이 책들부터 읽어야지.

영빈아.

응?

너 혹시… 장래희망이 생긴 거야?

아직 확실히 결정한 건 아니야.

하지만 관심이 생긴 건 확실해. 추천받은 책들을 꼼꼼하게 읽어본 후에 결정할 거야.

와, 그런 성격까지 신소재개발 연구원에 완전히 적합해.

헤헤, 그런가요?

저 언니도 영빈이가 마음에 들었나 봐.

그러게. 정말 잘 됐다.

나중에 꼭 우리 연구실에서 같이 일할 수 있길 바랄게.

고려해 보겠습니다.

하하~

준아야. 오늘 여기 올 수 있게 해줘서 고마워.

아니야~! 삼촌 덕분인데 뭐.

힝… 둘이서만 신나있고. 이제 나 혼자만 장래희망이 없잖아.

127

# 세계의 플라잉카

도심 내 교통 체증이 심해지면서 이에 따른 해결 방안으로 플라잉카가 대두되고 있어요. 전 세계적으로 시장을 선점하기 위한 경쟁이 치열하고 글로벌 주도권 경쟁이 본격화되면서 국가적으로도 개발에 최선을 다하고 있어요. 세계의 플라잉카는 어떤 것이 있는지 알아볼까요?

## ● 한국

국내에서는 현대자동차와 한화시스템이 발빠르게 대응하고 있어요. 우리나라의 기업 현대자동차는 개인용 비행체 S-A1 모델을 선보였어요. 8개의 프로펠러를 장착하고 비행 시 최고 속력은 시속 290km로 약 100km를 비행할 수 있고 조종사를 포함해 5명이 탑승할 수 있는 크기예요. 현대자동차는 앞으로 활주로 필요 없이 건물 옥상에서 이착륙할 수 있고 승객이 타고내리는 잠깐 동안에 재비행을 위한 고속 배터리 충전을 할 수 있는 플라잉카 택시를 개발할 예정이에요.

## ● 슬로바키아

클라인비전 사가 개발한 에어카는 자동차 형태로 도로를 달리다가 비행기 형태로 변신해 하늘을 나는 경비행기형 플라잉카예요. 도로를 주행하다가 전환 버튼을 누르면 날개가 양쪽으로 펴지면서 비행기로 바뀌어요. 자동차에서 비행기 모드로 바뀌는 시간은 단 3분 이내여서 대중적으로 널리 사용될 가능성이 커요.
플라잉카를 만드는 회사인 에어로모빌은 앞모습은 자동차이고 뒤에는 프로펠러가 달린 플라잉카 첫 시험 비행을 2014년에 성공했어요. 이후 2017년 더 발전하여 도로를 주행할 수 있는 타이어를 달고 날개와 꼬리 디자인도 안전하게 수납할 수 있도록 디자인됐어요. 후방 프로펠러도 차체 내부에 수납 가능해요.

● 미국

미국의 기업 우버는 항공체 개발사 벨과 협력해서 하이브리드 드론 택시 '벨 넥서스' 모델을 선보였어요. 이 택시에는 승객 4명과 조종사 1명이 탑승할 수 있고 6개의 초대형 프로펠러가 달려 있어요. 최고 속도는 시속 241km로 자동차보다 월등히 빠르고 수직 이착륙이 가능한 기술을 이용했어요. 원격 조종과 무인 주행도 가능하답니다. 2025년에는 플라잉카 택시 서비스를 상용화할 예정이라고 해요. 이 기업들은 플라잉카 택시를 선보인 초반에는 관리자가 탑승하겠지만, 시간이 지나면 점차 완전자율비행으로 택시기사 없이도 주행할 수 있도록 한다고 포부를 밝혔어요.

조비항공은 배출가스가 전혀 없는 완전 충전식 전기 플라잉카를 개발하고 있는데 2023년 출시한다고 해요.


● 일본

2020년 8월 스카이드라이브에서는 1인승 플라잉카를 개발하고 유인 시범 운행에 성공했어요. 드론 형태의 플라잉카 SD-03은 기체 모서리에 프로펠러를 달고 있으며 2023년에 출시될 예정이에요. 2026년에는 대량 생산을 목표로 하고 있어요.


● 유럽

포르쉐는 보잉과 손잡고 전기로 자율주행이 가능한 플라잉카를 2025년에 상용화할 목표로 개발하고 있어요.

# 우리의 꿈을 위해 파이팅!

응, 삼촌 애들이랑 같이 기다릴게.

삼촌이 뭐라서?

잠깐 점검할 게 있다고 삼촌 방에서 기다리래.

솔이 너 좋아하는 빵이랑 우유도 있다니까 같이 먹으면서 기다리자.

그러지, 뭐.

이상하다. 왜 솔이 기분이 안 좋아 보이지?

솔이야, 피곤해? 왜 기분이 안 좋아?

내가 뭘…

솔이가 오늘 너무 어려운 말들을 많이 들어서 머리가 아플 수도 있겠다.

뭐라고?!

임영빈, 너 정말~!!

소, 솔이야. 네가 좀 참아.

어휴, 진짜 얄미워!

흥!

얘들아~! 싸우지 마.

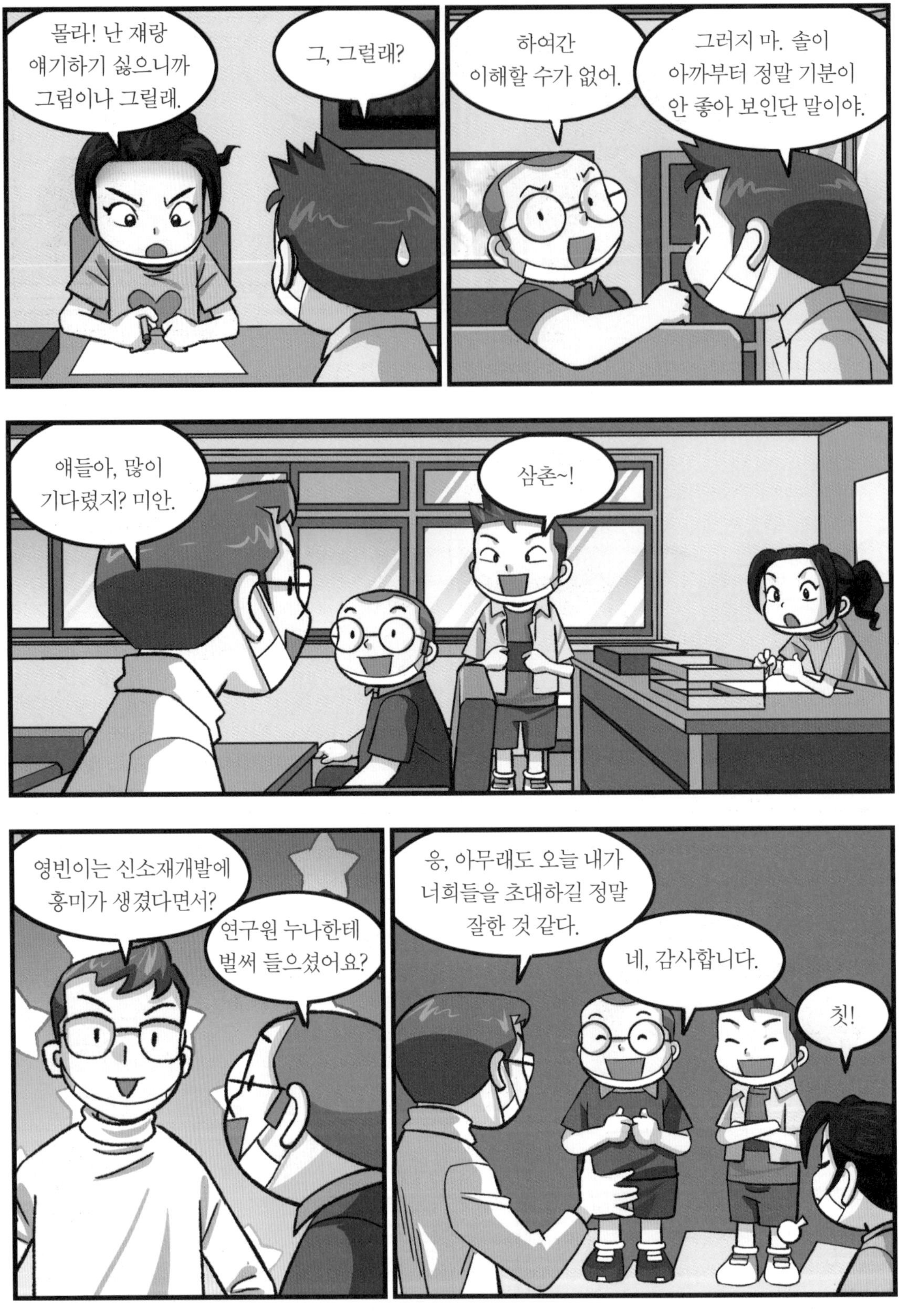
몰라! 난 재랑 얘기하기 싫으니까 그림이나 그릴래.
그, 그럴래?
하여간 이해할 수가 없어.
그러지 마. 솔이 아까부터 정말 기분이 안 좋아 보인단 말이야.
얘들아, 많이 기다렸지? 미안.
삼촌~!
영빈이는 신소재개발에 흥미가 생겼다면서?
연구원 누나한테 벌써 들으셨어요?
응, 아무래도 오늘 내가 너희들을 초대하길 정말 잘한 것 같다.
네, 감사합니다.
칫!

그런데 솔이는 기분이 안 좋아 보이네. 무슨 일 있니?

……

모르겠어. 삼촌 방에 오기 전부터 그랬어.

솔이야. 무슨 일 있니?

실은…

준아도 영빈이도 장래희망이 생겼는데 저만… 저만 없어요.

아… 우리 솔이가 그래서 기분이 안 좋아졌구나.

그런 거라면 나도 사과할게.

저는 그림 그리는 걸 좋아하거든요? 제가 할 수 있는 일은 없을까요?

이것 보세요. 제가 좀 전에 그린 거예요.

오, 그래?

와~ 이걸 솔이가 그렸다고?

전시실에 있는 플라잉카들을 보면서 제가 상상한 거예요.

솔이가 그림을 좀 잘 그리긴 하지.

솔이는 교내 미술대회에서 상을 받은 적도 있어.

대단하구나.

좋았어. 내가 솔이한테 꼭 맞는 직업을 소개해 줄게.

정말요?

나만 믿어~!

이제야 웃네!

다행이다~

여기가 우리 회사의 플라잉카 디자인실이야.

와아~

이분은 너희가 봤던 플라잉택시를 디자인하신 실장님이셔.

안녕, 얘들아.

실장님, 이 플라잉카 어때요?

흐음~

아주 귀엽고 독특한 디자인인데요?

저, 정말요?!

혹시 네가 그렸니?

네.

플라잉택시의 특징까지 잘 살린 걸 보면 디자인에 정말 재능이 있는 걸?

## 플라잉카 디자이너

일반적인 자동차 디자이너처럼 플라잉카 디자이너도 플라잉카의 외관과 내부 디자인을 모두 책임져요.

플라잉카를 디자인하기 위해 수집한 기초자료(경쟁회사의 차량조사, 시장상황 등)를 토대로 아이디어를 스케치해 그림으로 표현해요. 각종 그래픽프로그램을 사용할 줄 알아야 함은 물론이고, 센스와 감각 그리고 상상력이 남보다 뛰어나야 하며, 디자인 아이디어를 위해 문화예술 전반에 대한 관심이 필요해요.

다른 분야의 기술적인 개발에 맞춰 전체적인 스타일링을 해야 해서 산업디자인 역량과 함께 공학적인 역량도 갖추어야 해요.

우리가 땅을 달리는 자동차를 넘어 하늘을 나는 플라잉카를 원하는 것처럼

옛날 사람들도 말이 끄는 마차 대신 자동으로 달리는 탈 것에 대한 상상을 했었단다.

그래서 최초의 자동차 디자인이라고 할 수 있는 그림을 그린 화가가 있었는데, 너희들도 들어본 적 있을 거야.

그게 누군데요?

바로 르네상스 시대를 대표하는 화가, 레오나르도 다빈치야.

모나리자를 그린 사람이요?!

맞았어, 역시 잘 알고 있구나.

봤지? 그림이라면 영빈이 너보다 내가 훨씬 잘 알고 있거든?

그래, 인정.

다빈치가 그림을 그렸을 때는 엔진이 발명되기도 전이었어.

대단한 상상력이네요.

우와…!

그런데 엔진이 없으면 자동으로 움직일 수가 없잖아요.

그래서 다빈치는 당시에 있던 기술을 응용했는데

빡!

바로 태엽 장치로 움직이는 자동차였어.

자동차가 시계도 아니고 그게 뭐예요~!

지금 생각하면 좀 우습지?

흐음, 그래도 아직 존재하지 않는 걸 상상했다니, 정말 천재 같아요.

맞아. 사람의 상상력이라는 것도 기술의 발전에 따라 달라지는 거니까.

최초의 엔진이 발명된 이후로 기술의 발전에 따라 자동차의 디자인도 끊임없이 변화했어.

초창기에는 이런 디자인들이 있었지.

엄청 신기하게 생겼어요.

당시 사람들도 기술과 함께 아름다운 디자인을 중요하게 생각했기 때문에

1895년에는 프랑스에서 르 피가로(Le Figaro)라는 신문사 주최로 자동차 디자인 대회도 열렸단다.

그 대회의 디자인들도 당시의 기술에 따라 그려졌겠네요.

그렇지.

그럼 플라잉카의 디자인도 기술의 발전에 따라 계속 달라지나요?

그렇지. 플라잉카의 기술개발과 타는 사람들의 용도에 맞게! 그러면서도 멋지고 아름다운 디자인을 하는 것!

그게 바로 플라잉카 디자이너가 하는 일이란다.

현재 세계적인 플라잉카 회사에서
나온 디자인은 이런 것들이 있어.
화물운송, 여객운송, 자가용 등 용도에
맞게 만들어진 디자인들이지.

와아~! 전부 다
정말 멋있어요.

그럼 디자이너는
플라잉카의 모양만
그리면 되는 거예요?

아니, 디자이너는
플라잉카의 외형은 물론
내부까지 모두
책임져.

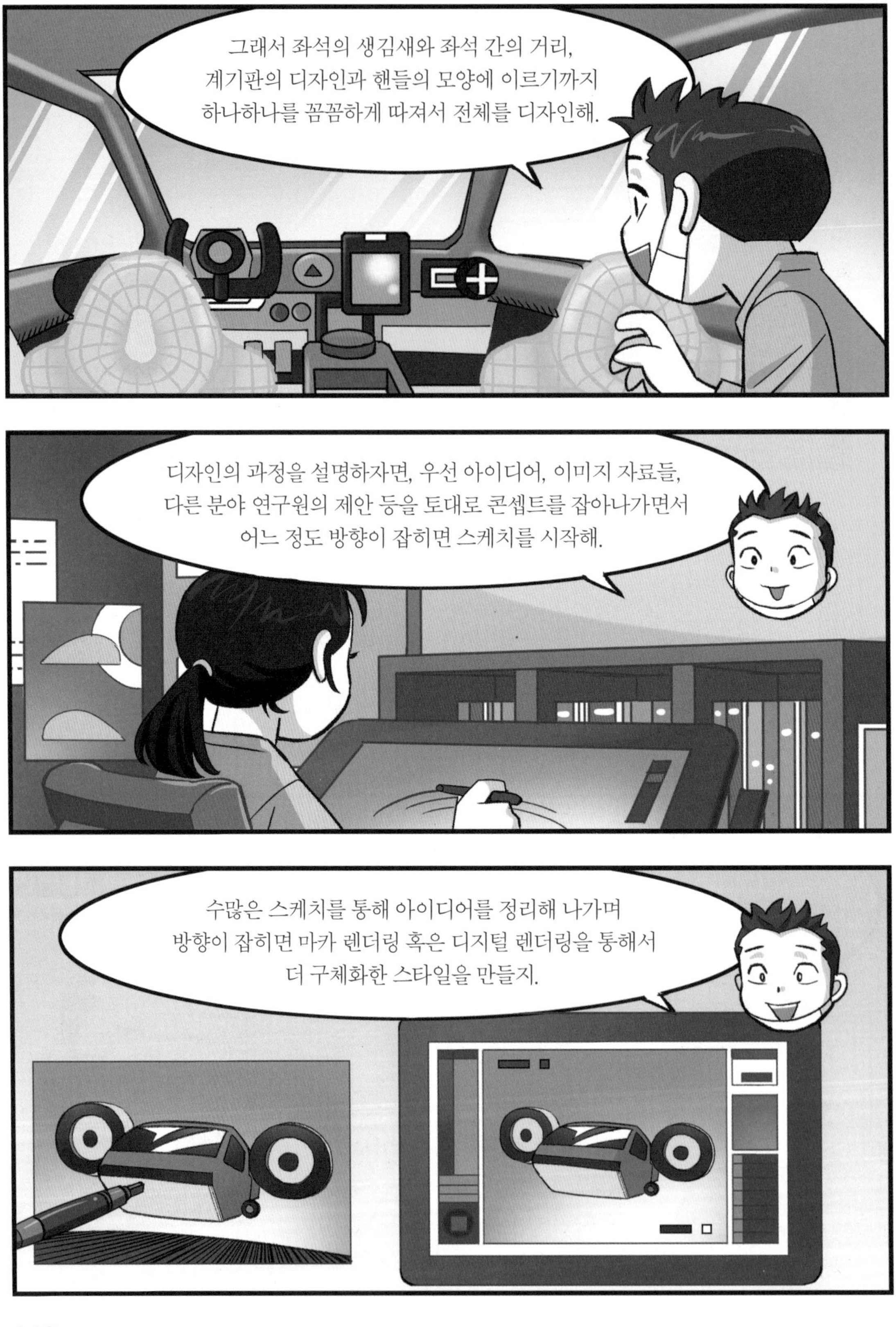
그래서 좌석의 생김새와 좌석 간의 거리, 계기판의 디자인과 핸들의 모양에 이르기까지 하나하나를 꼼꼼하게 따져서 전체를 디자인해.
디자인의 과정을 설명하자면, 우선 아이디어, 이미지 자료들, 다른 분야 연구원의 제안 등을 토대로 콘셉트를 잡아나가면서 어느 정도 방향이 잡히면 스케치를 시작해.
수많은 스케치를 통해 아이디어를 정리해 나가며 방향이 잡히면 마카 렌더링 혹은 디지털 렌더링을 통해서 더 구체화한 스타일을 만들지.

## 플라잉카 디자이너가 되려면?

플라잉카 디자이너가 되기 위해서는 자동차에 대한 관심, 감각, 재능만큼 체계적인 교육과 훈련이 필요해요. 대학교의 관련학과를 졸업하거나 디자인 관련 교육기관에서 디자인 수업을 받고 디자이너가 되는 경우도 있어요.

또한 자동차 디자인은 스타일링 디자인, 디지털 디자인, 설계 등 다양한 부문의 담당자들이 서로 조율하고 협업하는 과정을 거쳐 만들어지게 돼요. 최근 자동차 산업의 핵심이 IT 융합 기술로 옮겨감에 따라 자동차 융합 디자인 기술에 대한 이해도 요구돼요.

## VR모델러

가상현실을 통해 가장 현실과 가까운 체험을 할 수 있는 VR게임이나 영화처럼 물건을 만드는 데도 가상현실을 이용하는 기술을 말해요. VR헤드셋과 글러브를 착용한 후 원하는 물건을 디자인하면, 실제 사물을 이용해 만들고 고치는 수고스러운 과정 없이 실제와 가장 가까운 모델을 만들 수 있어요.

플라잉카 디자이너가 되려면 어떤 공부를 해야 하나요?

다른 산업디자인들과는 좀 다르게 플라잉카 디자이너에게는 미적인 지식과 함께 공학적인 지식이 필요해.

그래서 디자이너라는 명칭과 함께 스타일링부문 연구원이라고 불리지.

그렇구나~!

이런 공부를 체계적으로 할 수 있는 학교들이 있어.

미국의 아트센터 칼리지(ACCD)와, CCS(College for Creative Studies) 더불어 영국의 왕립 예술학교(RCA), 코벤트리 대학교와 독일의 포르츠하임 대학교 등이 유명해.

거길 입학하려면 어떻게 해야 해요?

국내에도 전문적으로 도와주는 학원들이 있으니까 걱정하지 않아도 돼.

지금처럼 상상력을 키우면서 그림도 열심히 그리고 플라잉카의 기술개발에도 관심을 가지면 훌륭한 플라잉카 디자이너가 될 수 있단다.

네!

솔이가 이제야 기분이 좋아졌구나.

네, 꿈이 생겨서 너무 좋아요!

그럼 이제 우리 셋 다 플라잉카와 관련된 장래희망이 생겼네?

우리 좀 멋진 것 같은데?

하하!

너무너무 신나. 얼른 어른이 돼서 진짜 멋진 플라잉카를 만들고 싶어.

근데 영빈이 너! 계속 얄밉게 굴면 너랑은 같이 안 만들 거야.

일단 디자이너부터 되고 나서 얘기해.

홍! 꼭 훌륭한 디자이너가 될 거니까 두고 봐.

하하~!

자, 그럼 이제 플라잉카에 대한 궁금증은 모두 풀렸니?

네!

설명을 다 듣고 나니까 개발자에 대한 꿈이 더 확실해졌어.

난 집에 가면 책부터 읽을 거야.

저는 학교에 가면 애들한테도 얘기해 줄 거예요.

하하. 셋 다 플라잉카 박사님이 되셨는데?

헤헤~!

그럼 너희들에게 깜짝 선물을 줘야겠구나.

삼촌, 이게 뭐야?

편지처럼 생겼는데?

일주일 후에 열릴 공개비행 초대장이란다.

어때, 마음에 드니?

네~!

삼촌, 고마워!

감사합니다!

그런데 B자동차 회사랑 정말 비교되면 어떡해?

저희도 너무 걱정돼요.

그러게.

괜찮아. 경쟁사가 더 좋은 기술을 개발했다면 축하할 일이지. 앞으로 더 열심히 할 수 있는 원동력으로 삼으면 돼.

나는 이제까지 열심히 일한 우리 연구원들을 믿거든. 일주일 후에 그 결과를 멋지게 보여줄게.

삼촌, 너무 멋져요!

일주일 후

준아야~!

어서 와.

삼촌은?

현장에서 기다리신대.
우리도 얼른 가자.

으~ 너무 떨린다.
오늘 꼭 성공해야
할텐데.

걱정 마.
잘될 거야.

맞아. 회사에서
시험비행도 멋지게
성공했잖아.

그런데 난 B사랑
비교될까봐 아직도
좀 걱정 돼.

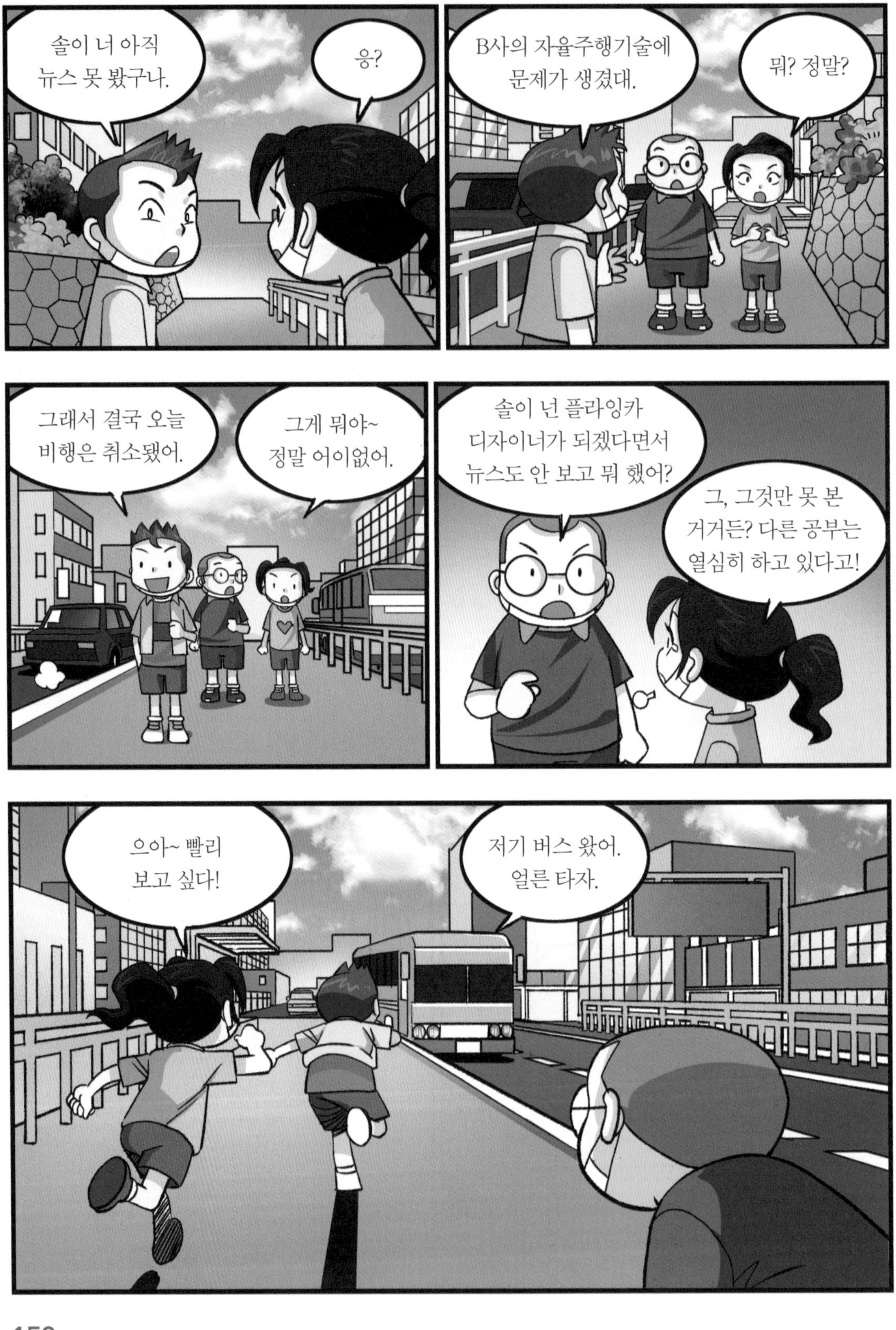
솔이 너 아직 뉴스 못 봤구나.
응?
B사의 자율주행기술에 문제가 생겼대.
뭐? 정말?
그래서 결국 오늘 비행은 취소됐어.
그게 뭐야~ 정말 어이없어.
솔이 넌 플라잉카 디자이너가 되겠다면서 뉴스도 안 보고 뭐 했어?
그, 그것만 못 본 거거든? 다른 공부는 열심히 하고 있다고!
으아~ 빨리 보고 싶다!
저기 버스 왔어. 얼른 타자.

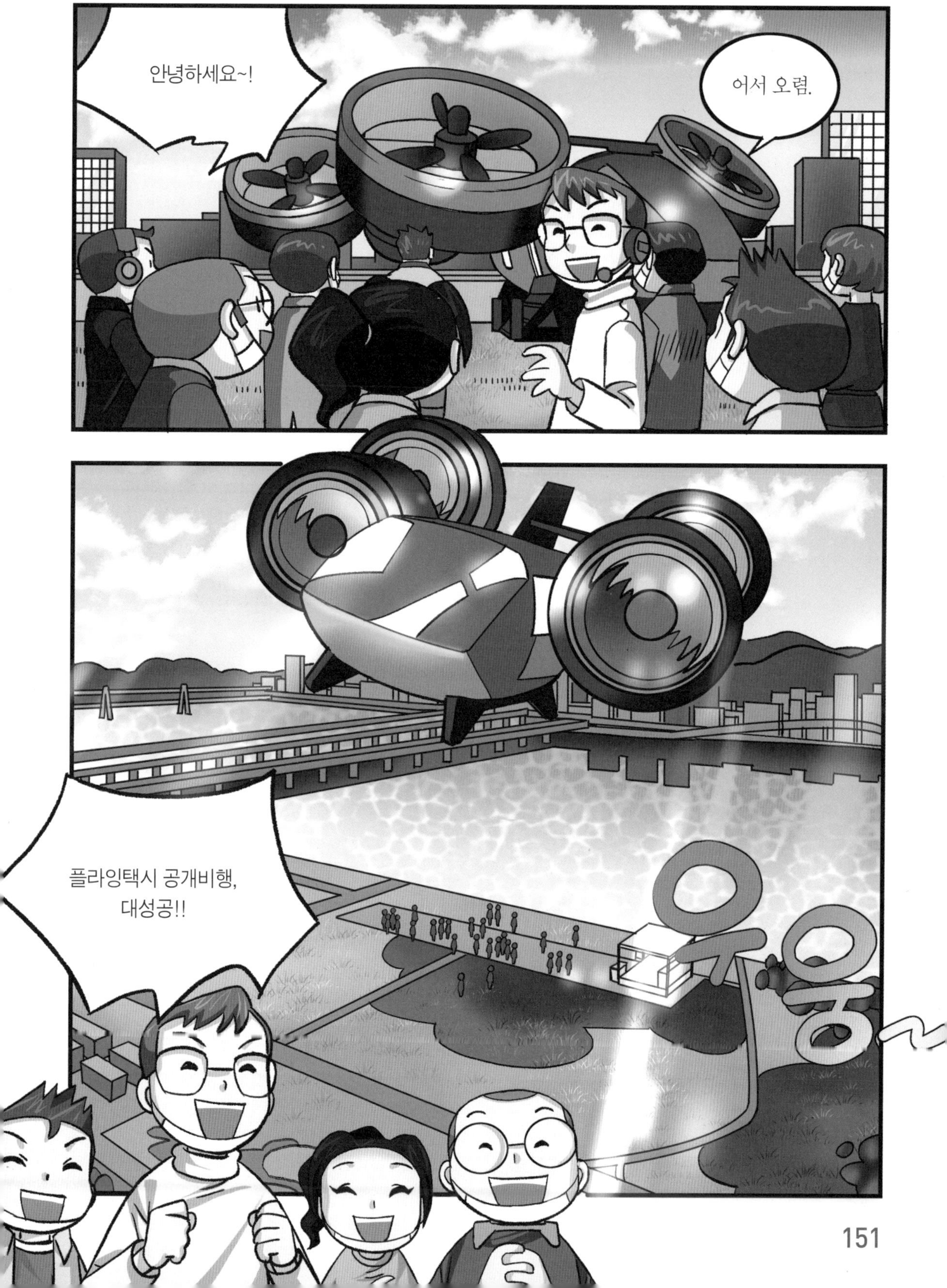
안녕하세요~!
어서 오렴.
플라잉택시 공개비행,
대성공!!
우웅~

# 영화 속 플라잉카

마법 세계나 영화 속에서나 볼 수 있었던 장면들이 현실에서 일어나고 있어요. 영화 속에서 플라잉카는 어떤 모습으로 나왔는지 알아볼까요?

### ● 해리포터(Harry Poter)

2002년에 개봉한 '해리포터와 비밀의 방' 초반부에 플라잉카가 등장해요. 해리와 론은 개학날 아침, 학교로 가는 기차를 놓쳐 하늘을 나는 자동차를 타고 뒤쫓아가요. 기차보다 빠른 속도로 하늘을 날아 얼마 안 가서 기차를 따라잡게 되는데요. 기차보다도 더 빠른 속도로 달릴 수 있는 플라잉카의 특징을 잘 보여주는 장면이에요. 해리와 론은 천신만고 끝에 학교에 도착하지만 공교롭게도 학교 선생님들이 소중히 여기는 커다란 버드나무 위에 불시착하는 바람에 화가 난 스네이프 교수로부터 퇴학 경고를 받게 된답니다.

그리고 주인공들이 위험에 빠졌을 때 플라잉카 스스로 운전하고 나타나 주인공들을 구해주는 장면이 나오는데요. 이 장면처럼 현재 개발 중인 플라잉카는 자동으로 운전하는 자율주행 기능을 가지고 있어요.

### ● 백 투 더 퓨쳐(Back To The Future)

1989년에 개봉한 '백 투 더 퓨쳐'는 주인공이 1985년에서 30년 전인 과거로 갔다가 다시 30년 후인 미래로 오면서 생긴 에피소드를 그린 영화예요. 1편은 30년 전으로 돌아간 1955년, 2편은 30년 후로 날아간 2015년을 배경으로 하고 있어요.

2편에서 마티는 하늘을 나는 자동차를 보면서 경탄을 금치 못해요. 괴짜 브라운 박사는 벽에 시계를 걸다가 넘어져 머리를 부딪히면서 타임머신의 핵심 부품을 떠올리게 돼요. 그는 자동차를 개조해 타임머신을 만들었고 자동차가

미래에 다녀오면서 하늘을 날 수 있는 기능을 가지게 돼요. 플라잉카의 에너지원은 쓰레기를 재활용한 것이었고, 차에 시동을 걸면 눈 깜짝할 새에 사라졌어요. 한창 개발 중인 플라잉카도 이와 다르지 않아요. 환경오염을 줄일 수 있는 전기를 에너지원으로 사용하며 자동차와는 비교도 안 될 만큼 빠른 속도로 주행하고 비행할 수 있어요.

● 제5원소(The Fifth Element)

미래 인류 이야기를 그린 영화로 지구를 구할 5개 원소를 둘러싸고 인간과 우주 해적의 암투 과정을 담았어요. 1997년에 제작했지만 2259년을 배경으로 하고 상상 속 미래 모습을 사실적으로 표현했어요. 23세기의 뉴욕과 이집

트, 우주를 무대로 선과 악의 싸움을 그리고 있는데 23세기를 배경으로 하고 있기 때문에 시각적으로 볼거리가 풍부해요. 고벤이 하늘을 나는 택시를 몰고 고층 빌딩 사이를 누비며 경찰과 추격전을 펼치는 장면이 가장 명장면이랍니다.

# Job? 20
## 나는 플라잉카 전문가가 될 거야!

초판 1쇄 발행 · 2021년 5월 25일
초판 3쇄 발행 · 2021년 9월 10일

지은이 · 박연아
그린이 · 김대지
펴낸이 · 이종문(李從聞)
펴낸곳 · 국일아이

등    록 · 제406-2008-000032호
주    소 · 경기도 파주시 광인사길 121 파주출판문화정보산업단지(문발동)
영업부 · Tel 031)955-6050 | Fax 031)955-6051
편집부 · Tel 031)955-6070 | Fax 031)955-6071

평생전화번호 · 0502-237-9101~3

홈페이지 · www.ekugil.com
블 로 그 · blog.naver.com/kugilmedia
페이스북 · www.facebook.com/kugilmedia
E - m a i l · kugil@ekugil.com

ISBN 979-11-91637-40-3(14300)
      979-11-87007-74-6(세트)

Job?
워크북
나는 플라잉카
전문가가 될 거야!

국일아이

# 목차

2

## 워크북 활용법

**직업 탐험**　각 기관의 대표 직업(네 가지)이 하는 일, 필요한 지식, 자질 등에 관한 정보뿐만 아니라 관련 직업에 관한 정보를 얻어요.

**직업 놀이터**　다른 그림 찾기, 숨은그림찾기, 미로 찾기, 색칠하기, ○X 퀴즈 등 재미있는 놀이 요소를 통해 직업 상식을 알아봐요.

**직업 톡톡**　직업 윤리나 직업과 관련한 이야기로 자신의 생각을 표현하며 직업을 간접 체험해요.

**NCS**
(국가직무능력표준)

국가직무능력표준(NCS, National Competency Standards)이란 국가가 현장에서 직무를 수행하는 데 필요한 지식, 기술, 태도 등을 산업별, 수준별로 표준화한 것을 말한다. 대분류 24개, 중분류 79개, 소분류 253개, 세분류 1,001개로 표준화되었으며 계속 계발 중이므로 더 추가될 예정이다.

## 국가직무능력표준(NCS)에 따른 24개 분야의 직업군

| 01  사업 관리 | 02  경영·회계 사무 | 03  금융·보험 | 04  교육·자연 사회 과학 | 05  법률·경찰 소방·교도·국방 |
|---|---|---|---|---|
| 06  보건·의료 | 07  사회 복지·종교 | 08  문화·예술 디자인·방송 | 09  운전·운송 | 10  영업·판매 |
| 11  경비·청소 | 12  이용·숙박·여행 오락·스포츠 | 13  음식 서비스 | 14  건설 | 15  기계 |
| 16  재료 | 17  화학 | 18  섬유·의류 | 19  전기·전자 | 20  정보 통신 |
| 21  식품 가공 | 22  인쇄·목재 가구·공예 | 23  환경·에너지·안전 | 24  농림·어업 | |

《job? 나는 플라잉카 전문가가 될 거야!》에는 준아, 솔이, 영빈, 준아 삼촌, 김정우 등이 등장한다. 각 인물을 떠올리며 빈칸을 채워보자.

| 인물 | 특징 |
|---|---|
| 곽준아 | 쾌활한 성격에 친구들을 잘 이끌어가는 리더십이 있는 초등학교 6학년 남자아이이다. 조립하고, 만드는 것을 좋아하며, 문제해결 능력이 뛰어나다. 삼촌 덕분에 플라잉카에 대해 잘 알고 있으며 _____가 되는 것이 꿈이다. |
| 권솔이 | 준아와 같은 반 친구로 호기심이 많은 여자아이이다. 그림 그리는 것이 취미이고 궁금한 것은 답을 찾아야 직성이 풀리는 성격이다. 준아, 영빈이와 달리 뚜렷한 꿈이 없었지만, 준아 삼촌 회사에 갔다가 디자이너로서의 자질이 있다는 칭찬을 받은 후 _____를 꿈꾸게 된다. |
| 임영빈 | 준아와 단짝 친구로 차에 대한 것이라면 뭐든지 알고 싶어 하는 호기심 많은 남자아이이다. 일부러 솔이를 놀리고 약올리기도 하는 등 장난기가 많고, 활발한 성격이다. 준아 삼촌 회사에 견학 갔다가 우주선, 항공 관련 특수 신소재에 대한 관심을 갖게 된다. |
| 곽동훈 | 국일자동차라는 자동차 회사의 _____로 준아의 삼촌이다. 코로나로 답답해 하는 아이들에게 플라잉카를 소개하고 설명해 주며 궁금증을 풀어주는 자상하고 따뜻한 성격이다. 반면 일을 처리할 때는 철저하고 빈틈이 없다. |
| 김정우 | 국일자동차의 _____로 30대 초반의 청년이다. 씩씩하고 단단한 스포츠맨 이미지를 갖고 있지만 아이들에게 플라잉카의 역사와 조종에 대해 친절하게 설명해 주고 꿈을 갖게 해주는 따뜻한 성격이다. |

4

# 궁금해요, 플라잉카

플라잉카는 자동차와 비행기의 기능이 결합된 차세대 운송 수단으로 도시의 교통 혼잡 문제를 해결할 수단으로 각광받고 있다. 플라잉카에 대한 설명으로 알맞은 것을 찾아보자. (정답은 네 개)

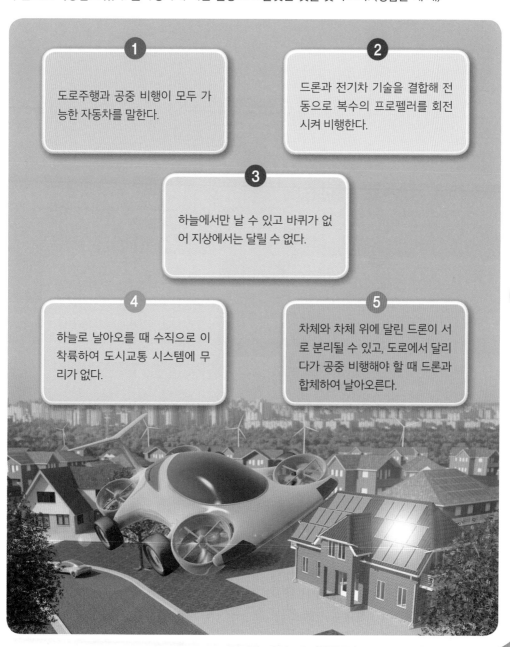

**1** 도로주행과 공중 비행이 모두 가능한 자동차를 말한다.

**2** 드론과 전기차 기술을 결합해 전동으로 복수의 프로펠러를 회전시켜 비행한다.

**3** 하늘에서만 날 수 있고 바퀴가 없어 지상에서는 달릴 수 없다.

**4** 하늘로 날아오를 때 수직으로 이착륙하여 도시교통 시스템에 무리가 없다.

**5** 차체와 차체 위에 달린 드론이 서로 분리될 수 있고, 도로에서 달리다가 공중 비행해야 할 때 드론과 합체하여 날아오른다.

# 플라잉카 개발자는 무슨 일을 할까?

도시의 교통 체증 심화로 인해 플라잉카의 연구 개발이 활발하게 이루어지고 있다. 플라잉카를 만드는 플라잉카 개발자가 하는 일에 대해 잘못 설명한 것을 찾아보자.

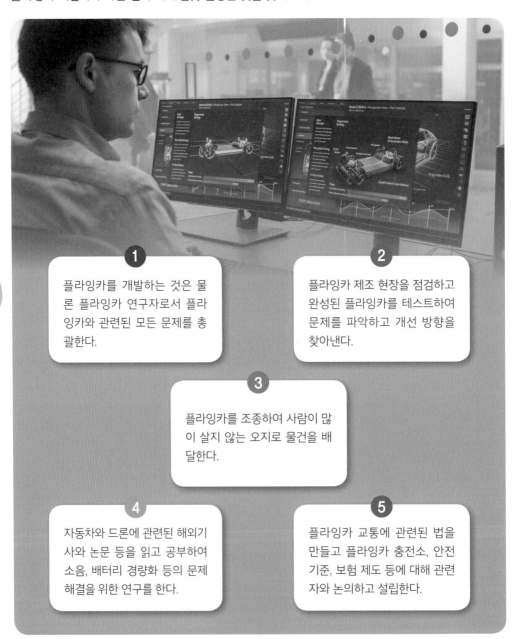

**1**
플라잉카를 개발하는 것은 물론 플라잉카 연구자로서 플라잉카와 관련된 모든 문제를 총괄한다.

**2**
플라잉카 제조 현장을 점검하고 완성된 플라잉카를 테스트하여 문제를 파악하고 개선 방향을 찾아낸다.

**3**
플라잉카를 조종하여 사람이 많이 살지 않는 오지로 물건을 배달한다.

**4**
자동차와 드론에 관련된 해외기사와 논문 등을 읽고 공부하여 소음, 배터리 경량화 등의 문제 해결을 위한 연구를 한다.

**5**
플라잉카 교통에 관련된 법을 만들고 플라잉카 충전소, 안전기준, 보험 제도 등에 대해 관련자와 논의하고 설립한다.

## 플라잉카 개발자에게 필요한 능력은?

전 세계 글로벌 기업들의 연구와 실험으로 플라잉카 상용화가 실현되고 있다. 플라잉카 개발자에게 필요한 능력이 바르게 쓰여진 운전대를 찾아 예쁘게 색칠해 보자. (정답은 다섯 개)

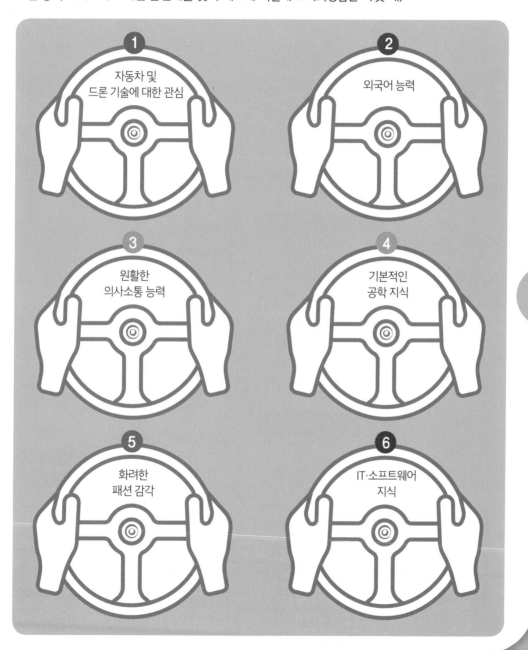

1 자동차 및 드론 기술에 대한 관심

2 외국어 능력

3 원활한 의사소통 능력

4 기본적인 공학 지식

5 화려한 패션 감각

6 IT·소프트웨어 지식

## 플라잉카 엔지니어에 대해 알아보자

플라잉카의 핵심 부품을 개발하는 엔지니어, 전기 시스템 및 각종 기구를 설계하는 엔지니어 등 플라잉카 엔지니어는 그 분야가 다양하다. 플라잉카 엔지니어에 대해 잘못 설명한 친구를 찾아보자.

## 수소전지배터리 개발자는 무슨 일을 할까?

수소연료전지는 수소를 연료로 사용하여 전기에너지를 생성하는 미래 동력원으로 환경을 오염시키지 않는 청정연료다. 플라잉카에 사용되는 수소전지배터리를 개발하는 수소전지배터리 개발자가 하는 일에 대해 바르게 설명한 것을 찾아 선을 따라가 보자.

**A**
거액 자산가를 대상으로 예금, 주식, 부동산 등의 자산을 관리하고 세무, 법률, 상속 등의 비금융 업무 서비스도 제공한다.

**B**
고효율 저비용의 연료전지 및 연료전지시스템의 개발과 상용화 등 연료전지발전 기술을 종합적으로 연구하고 연료전지시스템을 다양한 제품에 적용하기 위한 관련 기술을 연구 개발한다.

**C**
파도, 조류, 바닷물의 온도차를 이용하여 에너지를 얻는 기술을 연구한다.

# 플라잉카 디자인 순서를 알아보자

플라잉카 디자이너는 플라잉카의 외관과 내부 디자인을 모두 책임지는 사람이다. 플라잉카 디자이너가 플라잉카를 디자인하는 순서를 〈보기〉에서 찾아 배열해 보자.

## 보기

**1** 생산할 차종의 종류와 크기를 결정하고 경쟁회사의 차량, 트렌드, 시장 상황 등 기초자료를 수집한다.

**2** 자동차 내·외장에 쓰이는 모든 자재, 시트의 색상과 재질, 조명 기구, 자동차 외형의 재질 등을 연구 개발한다.

**3** 아이디어, 이미지 자료, 다양한 분야 연구원들의 제안 등을 토대로 플라잉카 콘셉트를 잡아 스케치한다.

**4** 수많은 수정을 거친 후 방향을 잡아 마카 렌더링 혹은 디지털 렌더링을 통해 디자인을 구체화한다.

**5** 실제 크기의 모델을 만들기 위해 3D모델러와 클레이모델러를 만든 후 이를 3D로 스캔하여 데이터를 얻는다.

**6** 완성된 차량의 각종 사양과 모양을 검토하고 각 국가의 규정을 준수하였는지 확인하고, 인체공학 측면에서 적합한지 검토하여 상품화 이후 발생할 수 있는 문제에 대비한다.

( ① ) → ( ) → ( ) → ( ) → ( ) → ( ⑥ )

## 플라잉카 디자이너에게 필요한 능력은?

플라잉카 디자이너는 미적인 지식은 물론 공학적인 역량도 갖춰야 한다. 플라잉카 디자이너에게 필요한 능력은 무엇인지 〈보기〉를 참고하여 빈칸을 채워보자.

❶ 각종 그래픽 프로그램을 사용할 줄 알아야 하며 (                    )이 풍부해야 한다.

❷ 자동차에 대한 관심을 가지고 플라잉카에 활용되는 (                    )가 필요하다.

❸ 스타일링 디자인, 디지털 디자인, 설계 등 다양한 부문의 담당자들과 조율하고 협업하기 위해 (                    )이 필요하다.

❹ 경쟁사의 플라잉카 디자인과 소비자의 요구사항을 파악하는 (                )이 있어야 한다.

보기
> 분석력, 미적 감각과 상상력, IT 융합 기술에 대한 이해, 원활한 의사소통 능력

## 플라잉카 조종사에 대해 알아보자

하늘을 나는 자동차인 플라잉카를 조종하는 플라잉카 조종사에 대한 문제를 풀고 그에 맞는 글씨를 적어 어떤 단어가 나오는지 알아보자.

**1** 도로주행과 비행을 함께 하기 때문에 자동차 운전면허와 비행기 조종면허가 모두 있어야 한다.
⇨ 맞으면 '플', 틀리면 '오'를 쓰자

**2** 항공기와의 충돌을 막기 위해 고도 8,000m 이하에서 비행해야 한다.
⇨ 맞으면 '라', 틀리면 '두'를 쓰자

**3** 플라잉카 전용도로로 조종해야 한다.
⇨ 맞으면 '잉', 틀리면 '리'를 쓰자

**4** 자율주행차가 상용화되므로 플라잉카 조종사는 필요없다.
⇨ 맞으면 '합', 틀리면 '카'를 쓰자

완성한 단어:

12

# 플라잉카 조종사 비행 자격증을 취득하려면?

플라잉카 조종사는 하늘을 나는 자동차를 조종해야 하기 때문에 비행 조종자격증이 필요하다. 비행 조종자격증을 취득하려면 어떤 과정이 필요한지 바르게 말한 친구를 찾아보자. (정답은 세 개)

# 미래자동차 공학자에 대해 알아보자

미래자동차 공학은 안전성과 성능이 지금보다 훨씬 뛰어나고 정보 전달을 위한 통신수단으로서도 중요한 역할을 하게 되는 미래자동차를 연구하고 개발하는 분야다. 미래자동차 기술을 연구하는 미래자동차 공학자에 대한 설명으로 알맞은 것을 찾아보자. (정답은 네 개)

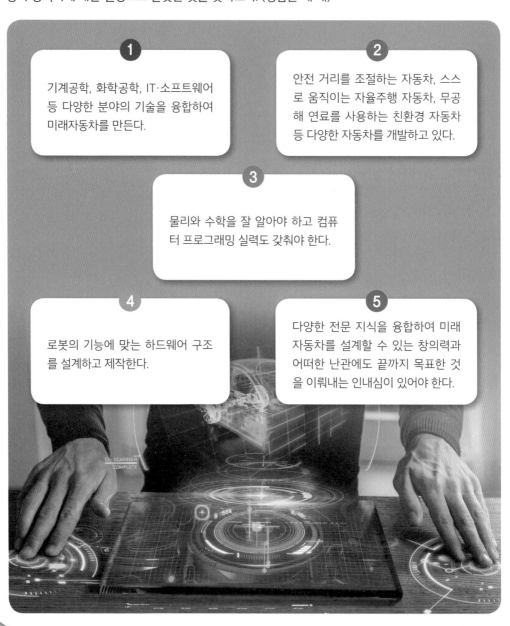

**1**
기계공학, 화학공학, IT·소프트웨어 등 다양한 분야의 기술을 융합하여 미래자동차를 만든다.

**2**
안전 거리를 조절하는 자동차, 스스로 움직이는 자율주행 자동차, 무공해 연료를 사용하는 친환경 자동차 등 다양한 자동차를 개발하고 있다.

**3**
물리와 수학을 잘 알아야 하고 컴퓨터 프로그래밍 실력도 갖춰야 한다.

**4**
로봇의 기능에 맞는 하드웨어 구조를 설계하고 제작한다.

**5**
다양한 전문 지식을 융합하여 미래자동차를 설계할 수 있는 창의력과 어떠한 난관에도 끝까지 목표한 것을 이뤄내는 인내심이 있어야 한다.

# 미래자동차를 알아보자

기존 자동차에 정보통신기술을 융합하여 개발한 자동차는 미래자동차에 속한다. 다가올 미래 사회를 바꿀 미래자동차만 있는 알파벳을 찾아 색칠한 후 완성한 그림이 무엇인지 확인해 보자.

보기

| | |
|---|---|
| B | KTX, 자전거, 킥보드 |
| C | 스마트카, 자율주행차, 플라잉카 |
| D | 호버바이크, 보잉777, 크루즈 |
| O | SUV 자동차, 나로호, 스케이트 |

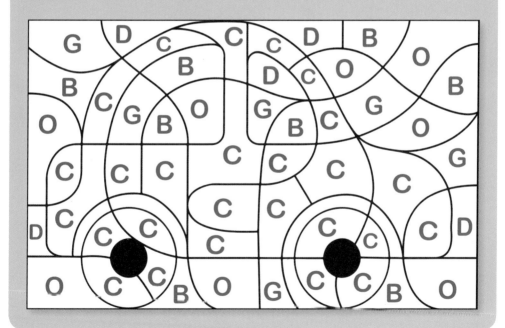

완성한 그림:

## 스마트카 교통체계관리자는 무슨 일을 할까?

스마트카 교통체계관리자는 지상의 스마트도로를 설계, 시공하고 실현 가능한 교통체계를 만든다. 스마트카 교통체계관리자가 하는 일에 대해 바르게 설명한 것을 찾아보자. (정답은 네 개)

**1** 교통정보를 수집하기 위해 GPS 추적, 차량감지기, 무선통신기술 등 필요한 센서와 기기를 설계, 개발하고 활용한다.

**2** 다양한 경로를 통해 수집된 교통정보 데이터를 처리하고 실시간 교통제어에 필요한 방법을 연구, 개발한다.

**3** 자동차와 도로교통 시스템 사이를 조정하여 센서 및 통신 등 개별 기능들이 제대로 작동할 수 있도록 광범위한 시스템을 통합하고 확장시킨다.

**4** 새로운 교통 시설물을 시공하고 신호체계를 만들 때 기술 자문을 담당한다.

**5** 스마트카의 외형을 디자인하고 자동차의 색을 정한다.

# 퍼즐 속 직업 찾기

낱말 퍼즐 속에서 플라잉카와 관련된 직업을 찾아 표시한 후 찾은 직업 칸에 적어 보자. (정답은 다섯 개)

## 플라잉카와 관련된 직업 찾기 퍼즐

| | | | | | | | | | |
|---|---|---|---|---|---|---|---|---|---|
| 플 | 플 | 라 | 잉 | 카 | 개 | 발 | 자 | 플 | 교 |
| 동 | 라 | 코 | 앵 | 두 | 파 | 미 | 도 | 라 | 통 |
| 금 | 잉 | 잉 | 준 | 자 | 라 | 사 | 매 | 잉 | 체 |
| 은 | 카 | 버 | 카 | 밤 | 추 | 유 | 밍 | 카 | 계 |
| 촉 | 엔 | 배 | 속 | 디 | 겨 | 제 | 고 | 조 | 관 |
| 빛 | 지 | 초 | 로 | 너 | 자 | 조 | 박 | 종 | 리 |
| 삯 | 니 | 토 | 키 | 문 | 경 | 이 | 소 | 사 | 자 |
| 토 | 어 | 크 | 통 | 매 | 소 | 로 | 너 | 치 | 원 |

## 찾은 직업

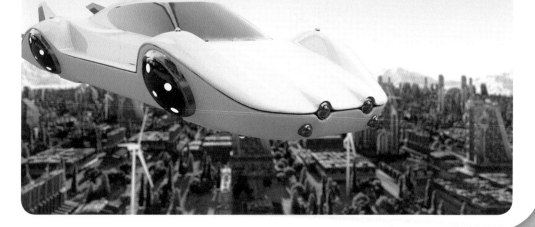

17

# 플라잉카 전문가에게 필요한 마음가짐과 태도

플라잉카 전문가에게 필요한 마음가짐과 태도는 무엇일까? 다음 중 플라잉카 전문가가 가져야 할 마음가짐과 태도가 적힌 플라잉카를 예쁘게 색칠해 보자. (정답은 세 개)

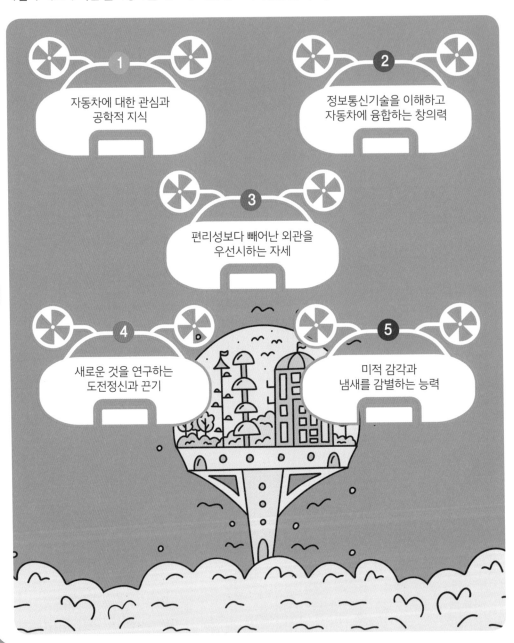

1. 자동차에 대한 관심과 공학적 지식
2. 정보통신기술을 이해하고 자동차에 융합하는 창의력
3. 편리성보다 빼어난 외관을 우선시하는 자세
4. 새로운 것을 연구하는 도전정신과 끈기
5. 미적 감각과 냄새를 감별하는 능력

18

# 요리조리 미로 탈출

플라잉카에 대한 문제를 풀고 맞으면 ○, 틀리면 X를 따라 미로를 빠져나가 보자.

1. 보잉, 에어버스, 우버, 아우디, 현대자동차 등 세계 주요 기업은 플라잉카 상용화를 위한 실험을 반복하고 있다. ○ X

2. 슬로바키아의 클라인비전은 3분 안에 자동차에서 비행기로 변신하며 2021년 상용화를 목표로 하고 있다. ○ X

3. 안전성 문제로 사람은 탈 수 없고 물건을 나르는 데만 사용된다. ○ X

4. 플라잉카는 도시의 교통 정체와 환경오염 문제 해결에 가장 효과적인 해법이 될 것이다. ○ X

# 세계의 플라잉카

세계 각 국가는 플라잉카 제작에 성공하고 상용화를 준비하고 있다. 플라잉카에 대한 설명을 읽고 〈보기〉를 참고하여 어떤 나라인지 찾아보자.

❶ (            )

드론 기업 이항은 대표 모델인 플라잉카 '이항-184'를 만들었고 최근 왕복 주행에 성공했다.

❷ (            )

비행기 회사인 보잉은 최초로 플라잉 택시 시험 비행에 성공했다.

❸ (            )

드론 회사인 스카이드라이브에서는 플라잉카를 개발하여 시험 비행에 성공했다.

❹ (            )

5인승 플라잉 택시의 시험 모델을 개발하여 완성했다.

보기

미국, 일본, 독일, 중국

## 플라잉카 상용화 찬성 VS 반대

플라잉카가 상용화되면 좋은 점과 나쁜 점이 있다. 플라잉카는 교통 체증 문제를 해결하고 먼 거리도 단시간에 도착할 수 있다. 하지만 헬리콥터처럼 프로펠러가 달려 주행을 하다보니 소음이 심각하고 사고가 나면 큰 인명피해를 입게 된다. 플라잉카 상용화에 대한 자신의 의견을 말해 보자.

나는 플라잉카 상용화를 (찬성 / 반대) 한다.

왜냐하면

때문이다.

Yes!     NO!

플라잉카에 대해 새롭게 알게 된 점이나 기억나는 내용을 자유롭게 적어 보자.

플라잉카는 아랫 부분에 바퀴가 달려 자동차로 주행하다가 비행해야 할 시점에 윗 부분의 드론과 합체하는구나.

플라잉카는 활주로를 주행하다가 이착륙하는 게 아니라 수직으로 이착륙하기 때문에 밀집된 도시의 도로에서도 운행할 수 있구나.

# 내가 만약 플라잉카 전문가가 된다면?

만약 자신이 플라잉카 전문가가 되어 플라잉카를 만든다면 어떤 플라잉카를 만들고 싶은지 그려보자.

4.  플라잉카 개발자, 플라잉카 디자이너, 플라잉카 개발자, 플라잉카 조종사

5.  ①, ②, ④, ⑤

6.  ③

7.  ①, ②, ③, ④, ⑥

8.  ①

9.  B

10. ③, ②, ④, ⑤

11. 미적 감각과 상상력, IT 융합 기술에 대한 이해, 원활한 의사소통 능력, 분석력

12. 플라잉카

13. 민아, 주민, 수민

14. ①, ②, ③, ⑤

15. C, 자동차

16. ①, ②, ③, ④

17. 플라잉카디자이너, 플라잉카개발자, 플라잉카엔지니어, 플라잉카조종사, 교통체계관리자

18. ①, ②, ④

19. ○, ○, X, ○

20. ① 중국, ② 미국, ③ 일본, ④ 독일